Julius Dutoit

Zur Festordnung der grossen Dionysien

Julius Dutoit

Zur Festordnung der grossen Dionysien

ISBN/EAN: 9783743315426

Hergestellt in Europa, USA, Kanada, Australien, Japan

Cover: Foto ©Thomas Meinert / pixelio.de

Manufactured and distributed by brebook publishing software (www.brebook.com)

Julius Dutoit

Zur Festordnung der grossen Dionysien

Zur Festordnung der grossen Dionysien.

Inaugural-Dissertation

zur

Erlangung der Doktorwürde

der

hohen philosophischen Fakultät

der

Friedrich-Alexanders-Universität Erlangen

vorgelegt

von

Julius Dutoit

aus Darmstadt.

Tag der mündlichen Prüfung: 27. Juli 1898.

Speier.
Druck der Dr. Jäger'schen Buchdruckerei.
1898.

I.
KOMOS, PROAGON.

Die Teile der grossen Dionysien sind in dem Gesetz des Euegoros[1]) aufgezählt, das uns Demosthenes in der Rede gegen Meidias § 10 überliefert: Εὐήγορος εἶπεν. ὅταν . . . . . . ᾖ . . . . . . τοῖς ἐν ἄστει Διονυσίοις ἡ πομπὴ καὶ οἱ παῖδες καὶ ὁ κῶμος καὶ οἱ κωμῳδοὶ καὶ οἱ τραγῳδοί κτλ, also Festzug, Knabenchöre, Komos, Komödien und Tragödien. Nicht erwähnt sind die Männerchöre, weshalb Th. Bergk (Rhein. Mus. XXXIV, S. 331) hinter παῖδες „καὶ οἱ ἄνδρες" einsetzte, eine Ergänzung, die dem von Foucart (s. Anm. 1) vorgeschlagenen καὶ ὁ ἀγών unbedingt vorzuziehen ist.

[1]) Die Echtheit dieses Gesetzes ist nach der Beweisführung von Foucart (Revue de philologie I, S. 168 ff.) fast allgemein angenommen. Die von Adolf Philippi in seinem Giessener Programm „Adnotatiunculae ad legum formulas quae in Demosthenis Midiana extant nonnullas" (1878) erhobenen Einwände sind zumeist durch die von Köhler in Band III der „Mitteilungen des archaeolog. Instit. zu Athen" veröffentlichten Choregeninschriften entkräftet. W. v. Christ kommt in der Abhandlung „Die Attikusausgabe des Demosthenes" (Abhandl. d. k. bayer. Akad. d. Wiss. philos.-philol. u. histor. Klasse Band XVI 1882) durch stichometrische Untersuchungen zu dem Ergebnis, dass sämtliche Urkunden der Midiana eingeschoben seien, ohne dabei auf den νόμος Εὐηγόρου besonders einzugehen. Zuletzt sprach sich Engelb. Drerup „über die bei den attischen Rednern eingelegten Urkunden" (Jahrb. für Philol. Supplem. XXIV, 1 [1898] S. 297 ff.) für die Echtheit des Gesetzes aus unter ausführlicher Widerlegung der von Philippi a. a. O. vorgebrachten Einwände; doch scheint ihm Bergks Ergänzung entgangen zu sein, da er nur das von Foucart vorgeschlagene καὶ ὁ ἀγών bespricht.

Alle diese Bestandteile des Festes sind uns anderwärts hinreichend bezeugt, einzig der Komos tritt uns nur im Gesetze des Euegoros als Teil der grossen Dionysien entgegen. Was bedeutet nun κῶμος in der Festordnung?der grossen Dionysien?

Aug. Mommsen (Heortologie S. 392) fasst ihn auf als „Umzug nach dem Schmaus" und denkt (S. 394) an den Siegesschmaus, das Gelage, das dem Siege eines Knabenchores folgte.[1])

Dieser Ansicht widerspricht, dass, wie aus den Hautgelderinschriften hervorgeht, bei einer ganzen Reihe anderer Feste öffentliche Schmäuse abgehalten wurden. Dass gerade dem Siege eines Knabenchores ein Siegesschmaus folgte, schliesst Mommsen nur aus dem Gesetz des Euegoros; jedenfalls war ein solcher Schmaus nicht wichtig genug, um in eine offizielle Liste der Festteile aufgenommen zu werden.

Im Gegensatz zu dieser Erklärung deutete Gust. Oehmichen (»Anfänge der dramat. Wettkämpfe in Athen« in den Sitzungsberichten der k. bayer. Akademie der Wiss., philos.-philol. und hist. Klasse 1889, II, S. 103 ff.) den Komos als offiziellen Festzug, der durchaus nicht den durch das Wort κῶμος nahegelegten Charakter der Ausgelassenheit trug. Dieser Zug führt am 8. Elaphebolion vom Dionysostempel, wo eine gottesdienstliche Vorfeier (C. J. A. II, 307 ist von προάγωνες ἐν τοῖς ἱεροῖς die Rede), stattfindet, zum Theater, wo sich der eigentliche προάγων anreiht, den wir aus Aeschines 3,67 kennen. Diese 3 Begehungen, die sacrale Feier, der Zug und der προάγων im Theater, haben den Zweck, die dramatischen Wettkämpfe, den zweiten Hauptteil des Festes, einzuleiten; sie trennen die scenischen von den vorausgehenden lyrischen Agonen, denen die πομπή als Einleitung dient.

---

[1]) Dass an den grossen Dionysien ein öffentlicher Schmaus stattfand, sehen wir aus der Hautgelderinschrift C. J. A II, 741, Z. 16 ἐγ Διονυσίων τῶν ἐν ἄστει π[αρὰ] βοωνῶν ⌐ΉΗΗΗΓΗΗ.

Natürlich kann bei diesen Folgerungen die früher allgemein angenommene Festordnung der grossen Dionysien nicht mehr bleiben, denn jetzt sind die kyklischen Wettkämpfe vor den bisher als Anfangstermin des Festes betrachteten 8. Elaphebolion zu setzen, sodass (a. a. O. S. 118) am 5. Elaph. die πομπή stattfindet, woran sich am 6. die Knaben- und am 7. die Männerchöre anschliessen. Auf den 8. Elaph., an welchem übrigens im Anfang nur das Asklepiosopfer stattfand, folgt dann ein Tag für die Komödien und bis gegen die Mitte des 5. Jahrhunderts drei, später vier Tage für die Tragödien, worauf am 14. die Pandia das Fest beschliessen.

Dies ist kurz der Hauptinhalt der Ausführungen Oehmichens über den κῶμος und προάγων, deren Ergebnisse auch in das von ihm bearbeitete Handbuch der Bühnenaltertümer (Iw. Müllers Handbuch V, 3, S. 192 ff. und 264 ff.) aufgenommen sind.[1]

Um diese Ausführungen Oehmichens auf ihre Richtigkeit prüfen zu können, müssen wir zunächst von dem Begriff

---

[1] Albert Müller (die neueren Arbeiten auf dem Gebiete des griechischen Bühnenwesens, Philologus Suppl. VI, 1. Hälfte) gibt S. 73—76 ein kurzes Referat über Oehmichens Abhandlung; zum Schluss fasst er seine Meinung zusammen in den Worten „Wenngleich die Ausführungen des Verfassers durchaus nicht einwandfrei sind, wird man seinen Vermutungen doch mit um so lebhafterem Interesse folgen, als die bisherigen Anschauungen in der That nicht alle Schwierigkeiten beseitigt haben; bindende Schlüsse werden sich auf diesem dunklen Gebiete aus den spärlichen Nachrichten nicht ziehen lassen."

Dagegen stellt sich Wecklein in seiner Recension (Berliner philol. Wochenschrift XI, S. 600 f.) bei der Besprechung des Proagon ganz auf den Standpunkt von Rohde (Rhein. Museum XXXVIII, S. 251 ff., vergl. unten S. 9 ff.) und verwirft Oehmichens Ausführungen über diesen Punkt als „tüftelig". Ueber den Komos sagt Wecklein „Die Bemerkungen, die O. über προάγων ἐν τῷ ἱερῷ und Proagon im Theater an das Vorhergehende anknüpft, müssen hiernach auf sich beruhen." Aehnlich äussert sich J. M. Stahl (de Euegori lege disputatio, Ind. lect. Monast. 1893 aest. S. 19). Ferner schreibt Oehmichen in seinem Handbuch der Bühnenaltertümer S. 265: „Rohde erhebt brieflich Widerspruch gegen meine Auffassung."

des Wortes κῶμος ausgehen. κῶμος bedeutet ein Gelage oder eine ähnliche ausgelassene Lustbarkeit, ferner, besonders bei Pindar und Euripides, einen lustigen Reigen mit Gesang, meist zu Ehren des Dionysos.

Nun führt aber O. einige Stellen an, aus denen hervorgehen soll, dass κῶμος durchaus nicht immer den Begriff der Ausgelassenheit in sich schliesst.

Dionys. Perieg. 578 'Ινδοὶ κῶμον ἄγουσιν ἐριβρεμέτῃ Διονύσῳ. „Es ist hier offenbar eine feierliche Handlung gemeint, ein ganzes Fest in Indien."

Die ganze Stelle lautet

.... παιαγῆς δὲ λιγύθρους ὄρνυται ἠχή.
575 Οὐχ οὕτω Θρήϊκες ἐπ' ἠόσιν Ἀψίνθοιο
Βιστονίδες καλέουσιν ἐρίβρομον Εἰραφιώτην
οὐδ' οὕτω σὺν παισὶν μελανδίνην ἀνὰ Γάργην
'Ινδοὶ κῶμον ἄγουσιν ἐριβρεμέτῃ Διονύσῳ
ὡς κεῖνον κατὰ χῶρον ἀνευάζουσι γυναῖκες.

Die Stelle bedeutet also weiter nichts als „so laut, wie jene Weiber den Bakchos feiern, sind nicht die Thraker und nicht die Indier, wenn sie mit ihren Kindern dem Dionysos Reigen aufführen."

Ebenso ist auch in dem Vers Orph. Hymn. LIII, 5 (Abel), den O. anführt,

αὐτὸς δ' ἡνίκα τὸν τριετῆ πάλι κῶμον ἐγείρῃς

κῶμος in seiner gewöhnlichen Bedeutung zu verstehen, vgl. Pind. Jsthm. VII, 4 „ἀνεγειρέτω κῶμον".

In Aegypten wird allerdings ein ernster Festzug κωμασία oder κωμαστήριον genannt (Clem. Alex. Strom. V, p. 671; Synes. p. 73 A., p. 94 D.; ähnlich Diodor III, 5, Jambl. de myst. III, 31); doch ergibt sich daraus nicht die Notwendigkeit, dass die Griechen in ihrer Heimat ähnliches hatten, zumal die Stellen, die O. dafür anführt, nicht beweiskräftig sind.

So bezieht O. die Verse Aristoph. Ran. 218 ff.:

ἡνίχ' ὁ κραιπαλόκωμος
τοῖς ἱεροῖσι χύτροισι
χωρεῖ κατ' ἐμὸν τέμενος λαῶν ὄχλος

nach Preller (Paulys Realencycl. II, S. 1062) auf einen geordneten, feierlichen Zug mit besonderer Betonung der ἱεροὶ χύτροι. Für die Bedeutung von κῶμος würde sich aber dadurch keine Veränderung ergeben, da κραιπαλόκωμος nichts Anderes heissen kann als „im Rausch mit Gesang umherschwärmend." Ich deute die Stelle folgendermassen: Das Choëngelage am 12. Anthesterion ist beendet, und der Abend ist hereingebrochen, der natürlich schon zum 13. Anth., dem Chytrentag, gehört. Die Menge zieht nun, von dem vorausgegangenen Wetttrinken halb berauscht, zum alten Heiligtum des Dionysos Eleuthereus, übergibt dort der Priesterin ihre Kränze und giesst die Neige ihres Weines als Totenopfer für den Gott aus, gewissermassen als Beginn der Totenbräuche, die am Lichttag der Chytren stattfinden. (Ueber diese einzelnen Begehungen vgl. Mommsen, Heort. S. 361 ff.) - Auf dieselbe Feier bezieht sich wohl die Stelle bei Alciphron, II, 3, 11 ποῦ δὲ (scil. ἐν Αἰγύπτῳ ὄψομαι) θεσμοθέτας ἐν τοῖς ἱεροῖς κώμοις κεκισσωμένους; ποῖον περισχοίνισμα, ποίαν ἵδρυσιν (so Mommsen a. a. O. S. 367 statt des überlieferten αἵρεσιν), ποίους χύτρους; Die ἱεροὶ κῶμοι sind jedenfalls, wie bei Aristophanes, der, natürlich ganz regellose, Zug vom Choëngelage zum seilumspannten[1]) Dionysostempel, wobei die Teilnehmer noch alle bekränzt waren.[2])

Die anderen Stellen, die O. für seine Deutung des κῶμος als ernsten Festzuges beibringt, sind recht unglücklich gewählt, denn sie bezeugen gerade das Gegenteil. So soll Xenophon in der Cyropaedie VII, 5, 15: 25; 26 κωμάζειν in der Bedeutung „ein Fest feiern" gebrauchen. Die Stellen lauten: (es ist die Rede von der Ueberrumpelung Babylons durch Kyros):

---

[1]) Nach Mommsen deutet Alciphron durch περισχοίνισμα darauf hin.

[2]) Mommsen a. a. O. bezieht diese beiden Stellen allerdings auf die Feier am Lichttag der Chytren, doch kann man am Tage nach dem Gelage, am ernsten Totenfeste die Menge nicht mehr als κραιπαλόκωμος bezeichnen, und warum sind die Thesmotheten hierbei allein noch bekränzt, wo doch alle Festteilnehmer ihre Kränze dem Dionysos als Totenopfer dargebracht hatten?

VII 5,15, ὁ δὲ Κῦρος ἐπειδὴ ἑορτὴν ἐν τῇ Βαβυλῶνι ἤκουσεν εἶναι, ἐν ᾗ πάντες Βαβυλώνιοι ὅλην τὴν νύκτα πίνουσι καὶ κωμάζουσι.

VII, 5,25 καὶ μὴν, ἔφασαν οἱ ἀμφὶ τὸν Γωβρύαν, οὐδὲν ἂν εἴη θαυμαστόν, εἰ καὶ ἄκλειστοι αἱ πύλαι αἱ τοῦ βασιλείου εἶεν· ὡς ἐν κώμῳ δοκεῖ γὰρ ἡ πόλις πᾶσα εἶναι τῇδε τῇ νυκτί.

VII, 5,26 οἱ δ᾽ ἀμφὶ τὸν Γωβρύαν συνεβόων αὐτοῖς ὡς κωμασταὶ ὄντες καὶ αὐτοί.

Es ist völlig klar, dass hier κῶμος, κωμάζειν und κωμαστής nichts Anderes als „Trunkenheit, Ausgelassenheit" ausdrücken.

Mit den 2 anderen Stellen, die O. für seine Ansicht anführt, verhält es sich ebenso.

Bei Plato IX, p. 573 D „ἑορταὶ γίγνονται παρ᾽ αὐτοῖς καὶ κῶμοι" ist durchaus nicht, wie O. meint, ἑορτή und κῶμος in der Bedeutung ziemlich gleichzusetzen; dies beweisen die auf κῶμοι folgenden Worte „καὶ θάλειαι καὶ ἑταῖραι καὶ τὰ τοιαῦτα πάντα, ὧν ἂν Ἔρως τύραννος ἔνδον οἰκῶν διακυβερνᾷ τὰ τῆς ψυχῆς ἅπαντα. Plato will hier erotische Veranstaltungen aufzählen und nennt daher zuerst ἑορταί, die Veranstaltungen im ganzen, dann lustige Gelage und gemütliche Soupers mit Damengesellschaft.

Noch einfacher ist die Sache in der Stelle Demosth. de fals. leg. 287,[1]) wo Demosthenes auf eine Ähnlichkeit der Pompe und des Komos hindeuten und κωμάζειν in der Bedeutung „ein Fest feiern" gebrauchen soll. Es werden hier die beiden Zeugen charakterisiert, die Aeschines dem Timarchos gegenüberstellt, und von dem zweiten wird, um ihn lächerlich zu machen, bemerkt, dass er ἐν πομπαῖς ἄνευ τοῦ προσωπείου κωμάζει, d. h. bei festlichen Aufzügen, ohne

---

[1]) a. a. O. 287 δυοῖν μὲν κηδεσταῖν παρεστηκότοιν, οὓς ἰδόντες ἂν ὑμεῖς ἀνακράγοιτε, Νικίου τε τοῦ βδελυροῦ, ὃς ἑαυτὸν ἐμίσθωσεν εἰς Αἴγυπτον Χαβρίᾳ, καὶ τοῦ καταράτου Κυρηβίωνος, ὃς ἐν ταῖς πομπαῖς ἄνευ τοῦ προσωπείου κωμάζει.

sich durch eine Maske unkenntlich gemacht zu haben, betrunken herumwankt.[1]) Wie man hier κωμάζειν mit „ein Fest feiern" übersetzen kann, ist mir unverständlich.

Oehmichen gesteht nun allerdings (S. 113), dass ihm die Begriffsbestimmung von κῶμος aus Parallelstellen nicht als einzig massgebend erscheint, denn er glaubt schon in seinen vorausgehenden Ausführungen über den dionysischen τρυάγων den Beweis erbracht zu haben, dass der κῶμος im Gesetz des Euegoros notwendigerweise ein ernster Festzug sein muss. (vgl. oben Seite 4.) Gehen wir daher über zur Definition des προάγων [2])

In der Mitte des 4. Jahrhunderts fand der προάγων statt am 8. Elaphebolion. Aesch. in Ctes. 67 ὁ δὲ μισαλέξανδρος γράφει ψήφισμα ἐκκλησίαν ποιεῖν τοὺς πρυτάνεις τῇ ὀγδόῃ ἱσταμένου τοῦ Ἐλαφηβολιῶνος μηνός, ὅτ᾽ ἦν Ἀσκληπιῷ ἡ θυσία[3]) καὶ ὁ προάγων, ἐν τῇ ἱερᾷ ἡμέρᾳ.

Der Scholiast bemerkt hierzu: ἐγίνοντο πρὸ τῶν μεγάλων Διονυσίων ἡμέραις ὀλίγαις ἔμπροσθεν ἐν τῷ ᾠδείῳ καλουμένῳ τῶν τραγῳδῶν ἀγὼν καὶ ἐπίδειξις, ὧν μέλλουσι δραμάτων

[1]) Demosthenes gebraucht κῶμος noch an 2 andern Stellen in seiner gewöhnlichen Bedeutung: 47, 19 κῶμος ἢ ἔρως ἢ πότος, und 59, 33 κἀπὶ τὰ δεῖπνα πανταχοῖ ἐπορεύετο, ὅπου πίνοι, ἐκώμαζε τ᾽ ἀεὶ μετ᾽ αὐτοῦ.

[2]) Ich folge im allgemeinen der Beweisführung von Erwin Rohde („Scenica" Rhein. Mus. XXXVIII [1883], S. 251 ff.), dessen Resultate Albert Müller in sein Lehrbuch der griechischen Bühnenaltertümer (S. 363 ff) aufgenommen hat. Vor Rohde versuchte Hiller („die athenischen Odeen und der προάγων" Hermes VII [1873], S. 402 ff.) den προάγων als Hauptprobe zu deuten. Diese bezog sich aber nur auf Vortrag und Gesang, doch suchten dabei die Schauspieler schon ihr Möglichstes zu leisten; auch musste dabei der Dichter bestrebt sein. Richter und Publikum für sich geneigt zu machen. Da sich nun diese Hauptprobe nicht auf alle 9 Tragödien, die zur Aufführung kamen, erstreckt haben kann, vermutet Hiller, dass von jeder Trilogie für diese festliche Probe ein Stück auserlesen worden sei, dessen Auswahl dem Dichter anheimgegeben war. Die Unmöglichkeit dieser Annahme hat Rohde a. a. O. dargethan.

[3]) Ueber den Zusammenhang zwischen Asklepieen und προάγων siehe S. 23 f.).

ἀγωνίζεσθαι ἐν τῷ θεάτρῳ δι' ὃ ἐτύμως (so ist nach der einleuchtenden Emendation von Usener [Symbol. philol. Bonn. S. 819] statt des überlieferten ἕτοιμος oder ἑτοίμως zu lesen) προάγων καλεῖται. εἰσίασι δὲ δίχα προσώπων οἱ ὑποκριταὶ γυμνοί.

Unklar bleibt zunächst noch der Ausdruck ἀγὼν καὶ ἐπίδειξις: dass kein eigentlicher dramatischer Agon gemeint sein kann, geht aus dem Zusatz ὧν μέλλουσι δραμάτων ἀγωνίζεσθαι ἐν τῷ θεάτρῳ hervor. Bestimmt erfahren wir aus dem Scholion über das Wesen des Proagon, dass er im Odeion stattfand und dass zu demselben die Schauspieler ohne Masken und Kostüme erschienen.

Weiteren Aufschluss gibt uns die Erzählung in der vita Euripidis p. 5 (Dindorf): λέγουσι δὲ καὶ τὸν Σοφοκλέα ἀκούσαντα ὅτι ἐτελεύτησεν (Εὐριπίδης), αὐτὸν μὲν ἐν ἱματίῳ φαιῷ προελθεῖν, τὸν δὲ χορὸν καὶ τοὺς ὑποκριτὰς ἀστεφανώτους εἰσαγαγεῖν ἐν τῷ προάγωνι καὶ δακρῦσαι τὸν δῆμον. Der Dichter[1]) führte also dem Publikum (δῆμος) die Schauspieler und Choreuten vor; aus dem Zusatz ἀστεφανώτους geht hervor, dass diese sonst bekränzt waren, ebenso aus ἐν ἱματίῳ φαιῷ, dass der Dichter gewöhnlich wohl ein weisses Gewand trug.

Diesen Zeugnissen, in denen direkt der προάγων erwähnt wird[2]), reiht sich eine Platostelle an. Plat. Symp. p. 194 A ἐπιλήσμων μέντ' ἂν εἴην, ὦ Ἀγάθων, εἰ ἰδὼν τὴν σὴν ἀνδρείαν καὶ μεγαλοφροσύνην ἀναβαίνοντος ἐπὶ τὸν ὀκρίβαντα μετὰ τῶν ὑποκριτῶν καὶ βλέψαντος ἐναντίον τοσούτῳ θεάτρῳ, μέλλοντος ἐπιδείξασθαι τοὺς σαυτοῦ λόγους, καὶ οὐδ' ὁπωστιοῦν ἐκπλαγέντος, νῦν οἰηθείην σε θορυβήσεσθαι ἕνεκα ἡμῶν ὀλίγων ἀνθρώπων. Agathon stieg also mit den Schauspielern auf den ὀκρίβας[2]), um seine

---

[1]) Es scheint, dass Sophokles hier nicht für eine eigene Trilogie die Schauspieler zum Proagon führte, denn wir wissen nichts von einem Auftreten des Sophokles im Jahre 406; vielleicht erwies er dem verstorbenen Euripides damit den letzten Freundesdienst. Schol. Aristoph. Ran. 67 berichtet uns nämlich über Dramen des Euripides, die erst nach seinem Tode aufgeführt wurden.

[2]) Genaueres über die Bedeutung dieses Wortes siehe unter S. 17 f.).

λόγοι, seine Dramen dem zahlreich erschienenen Publikum vorzuführen.

Diese Notiz könnte sich auf 3 Gelegenheiten beziehen: 1. auf die Aufführung selbst, 2. auf eine Probe oder richtiger die Hauptprobe, 3. auf den vom Scholiasten zu Aeschines und in der vita Euripidis geschilderten Vorgang. Die eigentliche Aufführung kann nicht in Frage kommen, denn dabei hat der Dichter nichts auf der Bühne zu thun; an eine etwaige Thätigkeit als Regisseur (so Grosser, Rhein. Mus. XXV, S 432 ff) ist auch nicht zu denken, da er als solcher dem Publikum gar nicht gegenübertritt.

Einige, wie Rettig (Erklärung des Symposion S. 225) beziehen den Vorgang doch auf die Aufführung selbst, bei der sie Agathon als Schauspieler thätig sein lassen; dies beweise die grosse Zuschauermenge (βλέψαντος ἐναντίον τοσούτῳ θεάτρῳ) und die Erwähnung des ὀκρίβας, der nur von der Theaterbühne gebraucht werde. Nun kommt aber ὀκρίβας in Beziehung auf das Theater nur an dieser Stelle vor (vgl. Dörpfeld und Reisch, das griech. Theater, S. 303, und meine Ausführungen S. 17 f); und ausserdem können wir für das Ende des 5. Jahrhunderts nicht annehmen, dass der Dichter zugleich als Schauspieler auftrat, denn die von Sophokles eingeführte Änderung, dass der Dichter nicht mehr zugleich Protagonist war, erhielt jedenfalls bald darauf Gesetzeskraft, und von da ab begann der Schauspielerwettkampf, der von dem Dichterwettkampf ganz unabhängig war (Vit. Soph. § 4, Aristot. Rhet. III, 1, p. 1403 b.) Ausserdem loste später der Staat den Dichtern ihre Schauspieler zu (vgl. Müller, Lehrb. der Bühnenaltertümer, S. 344), sodass es wohl ganz ausgeschlossen war, dass ein Dichter in seinem eigenen Stück auftrat. Die grosse Zuschauermenge beweist auch nichts, denn auch beim Proagon war zahlreiches Publikum zugegen (vit. Eurip. p. 5 καὶ δακρῦσαι τὸν δῆμον).

Die Annahme, dass sich die Platostelle auf die Aufführung selbst bezieht, ist also abzuweisen, zumal sonst der Ausdruck μέλλοντος ἐπιδείξασθαι ganz unberücksicht bliebe. Vollständig recht aber hat Rettig, wenn er sagt: „Wäre

Agathon nicht selbst redend aufgetreten, so wäre die Parallele zu seinem jetzigen Auftreten wenig passend."

Gegen die Annahme der Hauptprobe — denn eine gewöhnliche Probe kann überhaupt nicht in Betracht kommen — spricht ἐναντίον τοσούτῳ θεάτρῳ: denn angenommen auch, dass geladene Gäste zugegen waren, so kann man diese doch nicht als τοσοῦτο θέατρον bezeichnen. Ausserdem ist auch bei der Hauptprobe die Anwesenheit des Dichters auf der Bühne nur Nebensache.

Wir können daher die Platostelle nur auf den προάγων beziehen.[1]) Neu erfahren wir aus ihr, dass der προάγων vor zahlreichem Publikum stattfand und dass der Dichter selbst hierbei zu reden hatte.[2])

Fassen wir nochmals alles zusammen, so bestand der Proagon, der wohl als integrierender Bestandteil des Festes anzusehen ist, darin, dass die Dichter mit ihren Schauspielern und Choreuten, die bekränzt, ohne Masken und Kostüme erschienen, im Odeion die Bühne betraten, um sich dem hierzu zahlreich erschienenen Publikum vorzustellen. Der Proagon hatte den Zweck, die Bühnenspiele offiziell anzukündigen, weshalb ihn Rohde als „Ankündigungsproagon" bezeichnet. Die Ankündigung selbst geschah wohl in der Weise, dass zuerst ein Herold den Namen des an die Reihe kommenden Dichter ausrief; hierauf trat dieser mit seinen Leuten vor und hielt eine Ansprache, worin er die Namen seiner Stücke nannte, seine Schauspieler, etwa mit der Verteilung der Rollen, vorstellte und sich zum Schlusse dem Wohlwollen der Preisrichter und des Publikums empfahl.[3])

---

1) Über das Fest, an dem Agathons Dramen aufgeführt wurden, siehe S. 18 ff.

2) Das Scholion zu Aristoph. Vesp. 1109, das Rohde als weitere wichtige Beweisstelle für seine Deutung des προάγων heranzieht, werde ich erst nach der Kritik der Ausführungen Oehmichens über den προάγων besprechen, da ich ihm eine andere Erklärung geben zu können glaube.

3) In der römischen Zeit kennen wir aus verschiedenen Stellen, (Luc. Pseudolog. 19, Heliod. Aethiop. VIII, 17, Synes. περὶ προνοίας II, 8, p. 128 D) ein προεισόδιον mit einer προαναφώνησις verbunden

Und damit ist auch der Ausdruck ἀγὼν καὶ ἐπίδειξις des Aeschinesscholions erklärt. Unter der ἐπίδειξις nämlich ist verstanden die Bekanntgebung des Titels und der Personen jedes Dramas und ἀγών bezieht sich darauf, dass der προάγων und besonders die hierbei gehaltene Empfehlungsrede des Dichters den eigentlichen Agon einleiten.

Gegen diese Erklärung des προάγων wendet sich nun Oehmichen, indem er die schon mitgeteilten Stellen auf 2 (mit den προάγωνες ἐν τοῖς ἱεροῖς der Inschrift C. J. A. II. 307 3) verschiedene Arten von Proagonen beziehen zu müssen glaubt. In dem Aeschinescitat nämlich ist der προάγων allerdings als Ankündigungsproagon aufzufassen, der Scholiast aber giebt nicht die Erklärung dieses Proagon, sondern redet von der ebenfalls, allerdings vielleicht nur missbräuchlich προάγων genannten Hauptprobe. Dies geht zunächst hervor aus dem Zusatz ἡμέραις ὀλίγαις ἔμπροσθεν, denn bei Aeschines findet der προάγων statt ἐν τῇ ἱερᾷ ἡμέρᾳ und ist nach fast allgemeiner Ansicht ein Festtag der grossen Dionysien; der Proagon des Scholiasten aber findet einige Tage vor den Dionysien statt, ist also kein Festtag, ja schwerlich überhaupt ein heiliger Tag.

C. Fr. Hermann (Lehrb. d. gottesd. Altert. d. Griechen, § 59) und Mommsen (Heort. S. 388 und 391) nehmen allerdings den 8. Elaph. als ersten Festtag; Usener dagegen, der letzte, der vor Oehmichen die Festordnung der grossen Dionysien ausführlich behandelte, lässt in seiner Abhandlung „Nachträge zur Geschichte des attischen Theaters" (Symb. philol. Bonn, S. 581—600) das eigentliche Fest erst einige Tage nach dem 8. Elaph. beginnen, eine Datierung, die, wie Usener a. a. O. S. 849 sagt, durch das 1865 von Schultz veröffentlichte Aeschinesscholion auf's erfreulichste bestätigt

---

das am Tage der Aufführung, etwa kurz vor ihrem Beginn, stattfand. Rohde weist S. 266 auf die grosse Ähnlichkeit und den historischen Zusammenhang dieser Einrichtung mit dem athenischen προάγων hin. Diese προαναφώνησις geschah durch einen Herold oder auch wohl durch einen Schauspieler, wie Rohde nach Martial praef. l. II und Isid. Origg. XIX. 49 annimmt.

wurde. Heilig ist der 8. Elapheb, jedenfalls in erster Linie durch das Asklepiosopfer (vgl. über das Verhältnis der beiden Feste S. 23 f.).

Als weiteren Beweis für seine Ansicht über die Mehrheit der Proagone betrachtet Oehmichen den Ausdruck ἀγών καὶ ἐπίδειξις im Aeschinesscholion. „Ἀγών bezeichnet nämlich nicht notwendig einen Wettkampf, denn erstens ist der Scholiast an die amtliche Sprache des 5. und 4. Jahrhunderts nicht gebunden, und zweitens weist auch das zur Erläuterung hinzugefügte ἐπίδειξις deutlich darauf hin, dass ein Agon im Sinne der früheren Zeit nicht gemeint ist. Im Bühnenwesen nämlich bedeutet ἐπίδειξις Darstellung, Aufführung und ist synonym mit ἀγών, wie z. B. die von Hauvette-Besnault im Bull. de corr. hell. VII, 104 ff.[1]) herausgegebenen delischen Inschriften beweisen (auch bei Brinck, Diss. Phil. Hal. VII, 192 ff.)" [2])

Gehen wir, um Oehmichens Argumentation zu prüfen, etwas näher auf diese Inschriften ein. Sie erstrecken sich, 12 an der Zahl, über den Zeitraum von 286—173 v. Chr. In 7 Inschriften (No. 87—91, 93 und 94 bei Brinck) aus den Jahren 286, 284, 282, 280, 270, 265 und 261 steht der Ausdruck καὶ οἵδε ἐπεδείξαντο τῷ θεῷ vor dem Verzeichnis der Darsteller; doch sind dies nicht nur Schauspieler, sondern (in fast bei jeder Inschrift geänderter Reihenfolge) τραγῳδοί, κωμῳδοί, αὐληταί, κιθαρῳδοί, ψάλται, κιθαρισταί, ῥαψῳδοί, θαυματοποιοί und in Nr. 93 und 94 je ein κωμῳδοποιός. In Nr. 96 und 98 (aus den Jahren 203 und 172 v. Chr.) finden wir nun diese Formel οἵδε ἐπεδείξαντο τῷ θεῷ ersetzt durch οἵδε τῷ θε ῷ ἠγωνίσαντο, und zwar wird dieser Ausdruck ge-

---

[1]) Bei Brinck a. a. O. S. 192 steht durch Druckfehler Bull. de corr. Hell. II, was Oehmichen in seine Abhandlung herübernahm; die letzte Inschrift (bei Brinck Nr. 98) ist publiziert von P. Paris im IX. Band dieser Zeitschrift, S. 147 ff.

[2]) Es ist zu bemerken, dass O. den Scholiasten sich nicht an die amtliche Sprache des 5. und 4. Jahrhunderts binden lässt, andererseits aber voraussetzt, er gebrauche ἐπίδειξις in einer Bedeutung, die sich nur in den ebenfalls amtlichen, delischen, also rein lokalen Festurkunden findet.

braucht in Nr. 96 von κωμῳδοί und αὐληταί, in Nr. 98 von αὐληταί, (davon einer μετὰ χοροῦ), τραγῳδοί, κιθαρισταί (auch hier einmal μετὰ χοροῦ), κιθαρῳδοί, κωμῳδοί, θαυματοποιοί und ὀρχησταί. Bei den 7 Inschriften mit ἐπεδείξαντο, die auch zeitlich eng zusammengehören (286—261) und durch einen ziemlichen Abstand von den beiden mit ἠγωνίσαντο (203 und 172) getrennt sind, ist nicht immer von Wettkämpfen die Rede, denn wir finden mehrere Male für eine Kategorie nur je einen Künstler, z. B. in N. 87, 90, 94 1 αὐλητής, 88, 93 1 κιθαριστής, 87 1 ψάλτης, 91 und 93 1 θαυματο ποιός und 93 und 94 1 κωμῳδοποιός. Bei den beiden Inschriften mit ἠγωνίσαντο ist dies anders: Nr. 98 hat nur eigentliche Agone, und Nr. 96 führt zwar nach ἠγωνίσαντο nur je einen Künstler jeder Gattung auf: ἠγωνίσαντο κωμῳδὸς Εὔδημος τρίς, κιθαριστὴς Αἴνετος δίς, doch kann bewiesen werden, dass hier die Liste der Künstler ganz unvollständig ist und zwar, wie Brinck annimmt, infolge von Unachtsamkeit des betr. Beamten. In dem Choregenverzeichnis derselben Inschrift nämlich sind 6 Choregen für Komödien und 6 für Tragödien erwähnt, deren Darsteller in der Künstlerliste vollständig fehlen.[1]

Es scheint demnach, dass in der Zeit zwischen 261 und 203 auf Delos alle Arten von Vorstellungen in wirkliche Agone umgewandelt wurden.

[1] Dass auch sonst diese delischen Inschriften ohne grosse Genauigkeit abgefasst sind, geht daraus hervor, dass nicht nur die Reihenfolge stets ganz willkürlich geändert ist, sondern dass auch verschiedene Male nur ein Spieler genannt wird, während vorher die Bezeichnung seiner Spielgattung im Plural steht und umgekehrt. So
Nr. 87 αὐληταί· Καφισίας Θηβαῖος,
ebda. κιθαριστής· Ἐπικράτης Ἀργεῖος, Ἑλληνοκράτης.
89 κιθαριστής· Λύσανδρος, Δρ . . . .
90 κιθαρῳδός· Κλέων Σικυώνιος, Ἀθηναῖος, Εὐάνθης Μεθυμναῖος.
94 αὐληταί· Ὀνήσιππος.
ebda. θαυματοποιός· Σέρδων Ῥωμαῖος, Ἀρίστων.
98 αὐλητής· Περιγένης ἐνίκα μετὰ χοροῦ, Καλλιμέλης. Νίκανδρος.
ebda. ὀρχηστής· Σωσὼ δίς, Νεῦρος, Παρ . . .
σίων, Ῥωμαίστης, Ἀγαθόδωρος.

Die Beweisführung Oehmichens für die Gleichheit der Begriffe ἀγών und ἐπίδειξις ist daher hinfällig; ausserdem bezieht sich ἐπίδειξις auch in diesen Inschriften nicht speziell auf das Bühnenwesen, sondern wird von jeder Art öffentlicher Schaustellung gebraucht.[1]) und ἐπεδείξαντο ist ganz seiner ursprünglichen Bedeutung nach zu übersetzen „es zeigten sich, es produzierten sich."

Aus dieser Bedeutung von ἀγών καὶ ἐπίδειξις Darstellung, Aufführung folgert also Oehmichen, dass der Scholiast den bei Aeschines erwähnten Ankündigungsproagon als Hauptprobe der tragischen Spieler im Odeion, die sich über mehrere Tage erstreckte, erklärt, und fügt dann hinzu: „Freilich darf man sich durch die Benennung ‚Hauptprobe‘ nicht zu einer falschen Vorstellung verleiten lassen, denn es fehlten dabei Masken und Bühnentracht, es fehlten auch die Maschinerien und der Bühnenschmuck, die sich im Odeion nicht fanden." Allerdings würde eine solche „Hauptprobe", sehr von unserm heutigen Begriff abweichen, denn sie besteht ja nur darin, dass die drei Schauspieler, obwohl sie doch gewöhnlich mehrere Rollen, darunter Weiberrollen, darzustellen hatten, ohne Masken und ohne Kostüme auftreten; Dekorationen, Maschinerie, Koulissen fehlen auch, denn die Hauptprobe findet ja an einem andern Orte statt wie die Aufführung. Was hat nun aber eine solche „Hauptprobe" für einen Sinn? Das freie Hersagen der Rollen und das Einnehmen der verschiedenen Stellungen ist doch wohl schon in den vorhergehenden Proben genügend geübt worden. Die Generalprobe kann auch im Altertum keinen anderen Zweck gehabt haben als den, ein möglichst getreues Bild der eigentlichen Aufführung zu geben; dabei müssen unbedingt die gleiche Lokalität und die gleichen Apparate vorausgesetzt werden, denn bei der (einmaligen) Aufführung selbst musste alles genau klappen, sonst war der Dichter schon von vorn-

---

[1]) Dass ἐπιδείκνυσθαι in diesen Inschriften, sowie bei Suidas und Photios s. v. ᾠδεῖον von den Künstlern, bei Plato a. a. O. aber von dem seine Stücke zur Aufführung bringenden Dichter gebraucht wird, ist aus den verschiedenen Bedeutungen des Mediums zu erklären.

herein unterlegen. Und wenn Oehmichen zum Schluss sagt „die Hauptprobe fand im bedeckten Odeion statt, nicht im Theater, entweder zum Schutz gegen Unwetter oder zur Schonung der Stimme", so ist der erste Grund ganz hinfällig; was die Schonung der Stimme betrifft, so brauchten die Schauspieler bei der Hauptprobe ihre Stimmen durchaus nicht besonders anzustrengen, da sie ja nicht bis in die letzten Reihen verständlich sein mussten.

Ob nun in der Platostelle der Ankündigungsproagon gemeint ist, lässt Oehmichen unentschieden; „jedenfalls aber bezieht sie sich auf einen Vorgang im dionysischen Theater, denn unter ὀκρίβας ist die Bühne des Theaters verstanden." Dies Wort ὀκρίβας, das in scenischer Bedeutung sonst nicht vorkommt, ist reichlich glossiert:

Schol. Plat. Symp. p. 194 A ὀκρίβαντα· τὸ λογεῖον, ἐφ' οὗ οἱ τραγῳδοὶ ἠγωνίζοντο· τινὲς δὲ κιλλίβαντα τρισκελῆ φασιν, ἐφ' οὗ ἱστᾶσιν οἱ ὑποκριταὶ καὶ τὰ ἐκ μετεώρου λέγουσιν.

Photios ὀκρίβας· τὸ λογεῖον ἐφ' οὗ οἱ τραγῳδοὶ ἠγωνίζοντο· καὶ Πλάτων ὁ φιλόσοφος ἐν Συμποσίῳ κέχρηται τῷ ὀνόματι.

ebd. ὀκρίβας· σκηνή, ἰδίως πάντων τῶν λεγόντων. τὰ πλαστικὰ πήγματα ἐφ' οἷς διατυποῦσι τὰς εἰκόνας· καὶ τὰ ὑπερείσματα τῶν ξυλίνων θεάτρων· βέλτιον φαίνεται τὸ λογεῖον, ἐφ' οὗ ἵστανται οἱ τραγῳδοί.

Suidas s. v. ὀκρίβας. Σκηνή, ἰδίως πάντων τῶν λεγόντων· τὰ πλαστικὰ πήγματα, ἐφ' οἷς διατυποῦσι τὰς εἰκόνας, καὶ τὰ ὑπερείσματα τῶν ξυλίνων θεάτρων. Βέλτιον φάναι τὸ λογεῖον, ἐφ' οὗ ἵσταντο οἱ τραγῳδοὶ ἢ οἱ ὑποκριταὶ ἐκ μετεώρου, καὶ ἔλεγον. Οἱ δὲ ὄνον φασὶν εἶναι, οἱ δὲ ἄγριον κριόν, ἄλλοι κλίμακα.

Hesych. οἱ μὲν ὄνον φασίν, οἱ δὲ ἄγριον κριόν, ἄλλοι δὲ κλίμακα. Κυρίως δὲ τὸ λογεῖον, ἐφ' οὗ οἱ τραγῳδοὶ ἠγωνίζοντο. τινὲς δὲ κιλλίβας τρισκελής, ἐφ' οὗ ἵστανται οἱ ὑποκριταὶ καὶ τὰ ἐκ μετεώρου λέγουσιν.

Etym. Magn. ὀκρίβαντες· ἐφ' ὧν ἄκρων ἑστᾶσιν οἱ ὑποκριταί, οἱονεὶ ἀκρίβαντές τινες ὄντες, παρὰ τὸ ἄκρον. γράφεται δὲ διὰ τοῦ ι, ὡς ἀργὸν ἀργίκέραυνον.

Timaeus lex. Plat. ὀκρίβας· πῆγμα τὸ ἐν τῷ θεάτρῳ τιθέμενον, ἐφ' οὗ ἵσταντο οἱ τὰ δημόσια λέγοντες· θυμέλη γὰρ οὐδέπω ἦν.

Die Mannigfaltigkeit der Deutungen kommt offenbar daher, dass keine andere Grundlage für die Erklärung des Wortes vorlag als eben die Platostelle; nur die Etymologie stand fest, ὀκρίβας 1) ὄνος, 2) ἄγριος κριός. Aus dieser Bedeutung geht dann die weitere hervor „Gerüst", κιλλίβας τρισκελής, τὰ τῶν πλαστικῶν πήγματα, ἐφ' οἷς διατυποῦσι τὰς εἰκόνας.¹) Rohde S. 255 vergleicht damit unser Wort „Bock"; in ähnlicher Weise wird dialektisch auch „Esel" und „Hund" im Deutschen gebraucht.

Und in dieser Bedeutung „Gerüst" gebraucht Sokrates bei Plato das Wort, ohne damit einen terminus technicus anzuwenden. Erst die spätere Zeit glaubte aus der Platostelle auf eine technische Bedeutung des Wortes schliessen zu müssen und erklärte es daher als λογεῖον, ἐφ' οὗ οἱ τραγῳδοί ἠγωνίζοντο (Schol., Hesych., Phot.,) etc., nur aus dem angenommenen Zusammenhang der Stelle.²)

Es ist hier noch der Ort, über das Fest zu sprechen, an dem Agathons Dramen damals aufgeführt wurden. Fast allgemein (Rohde ausgenommen) denkt man an die Lenaeen, wegen der Worte Symp. p. 223 C ἄτε μακρῶν τῶν νυκτῶν οὐσῶν, die auf den Gamelion, in dem die Lenaeen gefeiert wurden, allerdings sehr gut passen. Oehmichen teilt diese Ansicht, denn er hält die Erwähnung der grossen dem Feste beiwohnenden Menge von Fremden (p. 175 E ἐν μάρτυσι τῶν Ἑλλήνων πλεῖν ἢ τρισμυρίοις) nicht für ausschlaggebend, zumal auch für die Lenaeen die Anwesenheit von Fremden durch das Scholion zu Aristoph. Plut. 954 bezeugt werde. Dies Scholion lautet: κορυφαῖος. . . . . οὐκ ἐξῆν δὲ ξένον χορεύειν ἐν τῷ ἀστικῷ χορῷ· παρὰ τοῦτο πέπαιχεν· ἐν δὲ τῷ Ληναίῳ ἐξῆν· ἐπεὶ καὶ μέτοικοι ἐχορήγουν. Bei den Lenaeen also durften auch Fremde als Choreuten

¹) Pollux VII, 129 nennt τὸ ξύλον τρισκελές, ἐφ' οὗ οἱ πίνακες ἐρείδονται, ὅταν γράφωνται, ebenfalls ὀκρίβας oder κιλλίβας, jedenfalls nach einer Glosse zu unserer Platostelle.

²) Vgl. dazu auch Reisch (Dörpfeld und Reisch, das griechische Theater S. 303), der jede Beziehung des ὀκρίβας auf das Theater in Abrede stellt.

fungieren; diese waren aber doch nicht eigens zu dem Feste nach Athen gekommen, sondern mussten sich schon einige Zeit dort aufgehalten haben, da das Einüben der Chöre längere Zeit, nach der gewöhnlichen Ansicht (Plut. glor. Ath. 6, p. 349 A) mehr als ein halbes Jahr in Anspruch nahm. Mit diesen ξένοι können also nicht fremde Festgäste gemeint sein, sondern Nichtbürger, die noch nicht lange genug in Athen waren, um Metoeken sein zu können. Dass ja gelegentlich auch an den Lenaeen Fremde in Athen waren, ist selbstverständlich, aber deren Zahl verschwindet gegenüber dem zwei Monate später zu den grossen Dionysien kommenden Strom von auswärtigen Festteilnehmern. Sagt doch auch Aristophanes (Acharn. 504):

αὐτοὶ γάρ ἐσμεν οὑπὶ Ληναίῳ τἀγών
κοὔπω ξένοι πάρεισιν· οὔτε γὰρ φόροι
ἥκουσιν οὔτ᾽ ἐκ τῶν πόλεων οἱ ξύμμαχοι,

indem er anspielt auf die Klage des Kleon gegen ihn resp. seinen Vertreter Kallistratos, dass er im vorigen Jahre an den grossen Dionysien durch die Aufführung seiner *Βαβυλώνιοι* den athenischen Staat vor ganz Griechenland lächerlich gemacht habe (vgl. das Scholion zu dieser Stelle). Und diese paar Fremden, die Aristophanes als ein Nichts betrachtet, soll Plato als μάρτυρες τῶν Ἑλλήνων πλεῖν ἢ τρισμύριοι bezeichnen?

Allerdings bezeugt Athenaeus (V, p. 217 A), dass Agathon an den Lenaeen gesiegt habe, aber er hat wohl diese Weisheit durch eigene Combination aus der Erwähnung der langen Nächte geschöpft; dafür spricht auch, dass er in demselben Satz Plato erwähnt: Εὐφήμου, καθ᾽ ὃν Πλάτων τὰ Ἀγάθωνος νικητήρια γέγραφεν, ὁ μὲν γὰρ στεφανοῦται Ληναίοις.[1])

---

[1]) Boeckh (Kl. Schr. V, S. 76 Anm.) verwendet nicht, wie man aus Oehmichens Worten schliessen könnte, die Worte ἅτε μακρῶν τῶν νυκτῶν οὐσῶν dazu, den Sieg des Agathon auf die Lenaeen zu verlegen, sondern er argumentiert (es handelt sich um die Bestimmung des Monats, in dem die Lenaeen stattfanden) folgendermassen: Agathon siegte nach Athenaeus an den Lenaeen; damals waren aber die Nächte lang; dies passt am besten auf den Gamelion.

Mir scheint die Erwähnung der langen Nächte doch nicht beweiskräftig genug zu sein gegenüber der emphatischen Hervorhebung der aus ganz Hellas herbeigeströmten riesigen Zuschauermenge; und auf den März, die Kalenderzeit der grossen Dionysien, passt auch ganz gut die Stelle in ihrem Zusammenhang: καὶ καταδαρθεῖν πάνυ πολύ, ἅτε μακρῶν τῶν νυκτῶν οὐσῶν, ἐξεγρέσθαι δὲ πρὸς ἡμέραν ἤδη ἀλεκτρυόνων ᾀδόντων.

Doch ist die Bestimmung des Festes, an dem Agathon siegte, meines Erachtens gar nicht von ausschlaggebender Bedeutung. Dass an den Lenaeen dramatische Agone, und zwar von Tragödien und Komödien, stattfanden, ist hinreichend bezeugt (vgl. dazu Oehmichen S. 159 ff.); deshalb konnte auch dabei ebensogut ein προάγων abgehalten werden, wie an der grossen Dionysien, nur haben wir sonst keine Nachricht darüber. Selbstverständlich aber spielte sich dieser προάγων, wenn er existierte, in genau derselben Art ab wie der dionysische, sodass wir, auch angenommen, die Platostelle beziehe sich auf die Lenaeen, dieselbe doch zur Definition des προάγων heranziehen müssen.

Ich komme nun noch zur Besprechung einer Stelle, die Rohde an den Anfang seiner Argumentation über das Wesen des προάγων gestellt hat (a. a. O. S. 253), nämlich des Schol. Aristoph. Vesp. 1109: οἱ δ᾽ ἐν ᾠδείῳ δικάζουσ᾽· ἔστι τόπος θεατροειδές, ἐν ᾧ εἰώθασι τὰ ποιήματα ἀπαγγέλλειν πρὶν τῆς εἰς θέατρον ἀπαγγελίας. Rohde leitet aus dem Wort ἀπαγγέλλειν die Deutung des Proagon als Ankündigungsproagon her; dagegen bezieht Oehm. S. 106 auch diese Stelle, wie das Scholion zu Aeschines 3, 67, auf die Hauptprobe, indem er εἰς τὸ θέατρον interpretiert „coram publico"; θέατρον könne nämlich in Verbindung mit ἀπαγγελία gut griechisch nur „Zuschauer" bedeuten, nicht das Theatergebäude. Zum Beweis hierfür beruft er sich auf Wieseler bei Ersch und Gruber I, 83, S. 159 A. 4 und A. Müller im Philologus 35 [76], 291; doch muss ich gestehen, dass ich an diesen beiden Stellen nichts dergleichen fand. Das weitere Argument, dass wir sonst εἰς ὅ statt ἐν ᾧ zu erwarten hätten, ist in anbetracht des offenbar verdorbenen Zustandes des Scholions ganz hinfällig.

Aber auch Rohdes Beziehung der Stelle auf den προάγων scheint mir nicht einleuchtend, da doch wohl ein noch so oberflächlicher Scholiast nicht in einem Satz ein Wort in zwei ganz verschiedenen Bedeutungen gebraucht. Dies erkennt auch Rohde an und erklärt deshalb das Scholion folgendermassen (S. 260 ff.): „Der Scholiast selbst mag unter dem ἀπαγγέλλειν allerdings den förmlichen Vortrag der Stücke verstanden haben, da er ja auch ἀπαγγελία von dem Vortrag im Theater gebraucht. In der dem Scholion zu Grunde liegenden Notiz aber, die freilich durch viele Hände uns überliefert ist und unterwegs bis zur Unkenntlichkeit verstümmelt wurde, hatte ἀπαγγέλλειν die ihm auch von Natur eigentümliche Bedeutung ‚ankündigen‘. Diese Notiz vermittelt uns auch erst den Zweck des Proagon als Ankündigung der Bühnenspiele." Es bleibt bei dieser Auseinandersetzung zweifelhaft, ob die ursprüngliche Notiz nur den ersten Teil des Scholion enthalten habe oder auch den zweiten; in letzterem Falle aber ist nicht erklärt, wie die Wiederholung des Wortes ἀπαγγέλλειν in den Text kam. Rohde erkennt ja an, dass das Scholion bis zur Unkenntlichkeit verstümmelt wurde; weshalb soll man es deshalb doch möglichst wortgetreu zu interpretieren suchen? Wie kommt es vor allem, dass der Scholiast nichts anderes von dem berühmten Odeion des Perikles zu sagen wusste, als dass darin die (sonst so selten erwähnte) [1]) Ankündigung der Bühnenspiele vor der eigentlichen Aufführung stattfand?

Meine Ansicht geht dahin, dass das Aristophanesscholion, ehe es durch fremde Zusätze so verunstaltet wurde, einen ähnlichen Inhalt hatte wie die Notiz, die der Hesychglosse s. v. ᾠδεῖον zu Grunde liegt, „ᾠδεῖον· τόπος ἐν ᾧ πρὶν τὸ

---

[1]) Dass der Scholiast zu Aeschines eine ausführliche Erklärung des Wortes προάγων gibt, darf uns bei der dem ganzen Aeschinescommentar eigenen Akribie nicht befremden; die heortologische Bedeutung des Wortes war so unbekannt geworden, dass der Grammatiker es für der Mühe wert fand, sich darüber genauer zu informieren.

θέατρον κατασκευασθῆναι οἱ ῥαψῳδοὶ καὶ οἱ κιθαρῳδοὶ ἠγωνίζοντο." ἀπαγγέλλειν ist nämlich der Terminus für den Vortrag der Rhapsoden und ποίημα wird speziell von Epen gebracht.[1])

Doch ist das Scholion zur Bestimmung des Wesens des Proagon auch gar nicht notwendig, da aus den oben angeführten Stellen dies meiner Ansicht nach schon deutlich hervorgeht.

Eine andere Art von Proagonen scheint mit den schon mehrfach citierten προάγωνες ἐν τοῖς ἱεροῖς der Inschrift C. J. A. II, 307 (aus dem Jahre 289/88 v. Chr.) gemeint zu sein. Die Stelle lautet (es ist von einem ἀγωνοθέτης die Rede) Z. 14—18: ἐπετέλεσε δὲ καὶ τοὺς προάγωνας τοὺς ἐν τοῖς ἱεροῖς κατὰ τὰ πάτρια, ἐπεμελήθη δὲ καὶ τῶν ἀγώνων τῶν τε Διονυσιακῶν καὶ τῶν ἄλλων κτέ. Mommsen Heort. S. 391 Anm. stellt zunächst die Ansicht auf, dass der Pluralität von Proagonen und Tempeln die Paeane für Asklepios und Hymnen für Dionysos, wie auch die Benützung zweier heiliger Stätten, des Asklepiostempels und des Lenaion (in dem er den eigentlichen Proagon sich abspielen lässt) entsprechen: dazu kämen etwa noch die Chytrenlieder am 13. Anthesterion als προάγων der Anthesterien. Doch verlässt Mommsen diese Ansicht gleich wieder und bezieht den Plural auf die verschiedenen Begehungen des Asklepiosfestes. Oehmichen S. 103 f. verwirft diese Erklärung, ohne genauer auf die Frage einzugehen. Ich halte die προάγωνες ἐν τοῖς ἱεροῖς für rein gottesdienstliche Begehungen, die zur Zeit der Inschrift wohl jedem Feste, das Agone hatte, vorangingen (dies scheint mir aus der Nebeneinanderstellung der προάγωνες und ἀγῶνες

---

[1]) Suidas s. v. ῥαψῳδοί· οἱ τὰ Ὁμήρου ἔτι ἐν τοῖς θεάτροις ἀπαγγέλλοντες, ῥαψῳδῆσαι δέ ἐστι .... ἀπαγγέλλειν.

Suidas s. v. Καλλιφάνης· οὗτος γὰρ ἀρχὰς ποιημάτων πολλῶν καὶ λόγων συγγεγραμμένων ἄχρι τριῶν ἢ τεσσάρων στίχων ἀπαγγέλλων πολυμαθείας δόξαν προσεποιεῖτο.

Plato Hipp. min. p. 363 B. Ἡ Ἰλιὰς κάλλιον ποίημα τῷ Ὁμήρῳ ἢ ἡ Ὀδύσσεια.

hervorzugehen); sie bestanden wohl aus einem feierlichen Bittgang zu dem Tempel der Gottheit, welcher das Fest galt. An diesem Bittgang nahmen in erster Linie teil alle an den eigentlichen Agonen Beteiligten, also Dichter, Schauspieler, Choreuten etc.; mit dem Bittgang war wohl ein Opfer verbunden.[1])

Doch kehren wir noch einmal zu Oehmichens Argumentation zurück. Da Oehm. über die Platostelle keine Entscheidung fällt, so bleibt ihm zur näheren Bestimmung des Ankündigungsproagon nur die Erzählung aus der vita Euripidis; aus dieser soll also hervorgehen, dass der προάγων, den Aeschines meint, im Theater abgehalten wurde. Da nun, jedenfalls am selben Tage, vorher der προάγων ἐν ἱερῷ stattfand, brauchten wir noch ein Verbindungsglied zwischen diesem und dem Ankündigungsproagon im Theater, und zwar einen Festzug vom Dionysostempel zum Theater. Dieser Festzug wäre der κῶμος im Gesetz des Euegoros (vgl. S. 4 ff.), dessen Verlegung auf den 8. Elaphebolion allerdings die ganze bisher angenommene Festordnung über den Haufen werfen würde. Ich glaube nun im Einzelnen nachgewiesen zu haben, dass Oehmichens neue Deutung der auf den προάγων bezüglichen Stellen ganz unmotiviert ist; somit muss das ganze Gebäude seiner Folgerungen in sich zusammenstürzen.

Ein weiteres Argument dafür, dass die grossen Dionysien erst nach dem 8. Elaphebolion begannen, ist noch aus dem Verhältnis zwischen dem Asklepiosfeste und dem an demselben Tage stattfindenden προάγων zu gewinnen. Über diesen Punkt sind die Meinungen geteilt. P. Stengel drückt sich in seinem Handbuch der griechischen Sacralaltertümer (Iwan Müllers Handbuch, Band V, 3. Abt.) S. 166 darüber ziemlich unklar aus: „Eingeleitet wurden die grossen Dionysien durch die Asklepieia, die auf den 8. des Monats fallend als προάγων bezeichnet werden, und an denen dem Asklepios grössere, vom Staate bestrittene Tieropfer dargebracht wurden."

---

[1]) Vor der Veröffentlichung des Scholions zu Aeschines hielt Usener (a. a. O. S. 594) auch den bei Aeschines erwähnten προάγων für nichts Anderes.

Mommsen spricht sich in der Heortologie nicht genauer darüber aus, hält aber neuerdings (Bursians Jahresbericht Band 60, S. 256) die Asklepien nur für eine das grosse Dionysosfest einleitende Opferhandlung, die ausserdem noch Agathe Tyche und Amphiaraos anzugehen scheint.[1]) Nun hat Körte („Bezirk eines Heilgottes". Mitteil. d. archäolog. Instituts in Athen 1893, S. 231—256), nachdem schon durch Koepp (in Band X derselben Zeitschrift, S. 255) und v. Wilamovitz (Commentariol. gramm. IV, p. 25, A. 1) die Einführung des Asklepioskultes in Athen in die Zeit des peloponnesischen Krieges gesetzt worden war, auf Grund der Inschrift C. J. A. II. 1649 (Z. 10) nachgewiesen, dass diese Einführung im Jahre 420 durch Telemachos von Acharnä stattfand. Da nun also das Asklepiosopfer am 8. Elaphebolion frühestens von 420 ab bestand, so konnten unmöglich die grossen Dionysien, deren Festordnung doch weit früher bestimmt worden war, schon vor diesem Tage, etwa am 5., wie Oehmichen meint, beginnen, denn man konnte das neue Fest doch nicht mitten in ein anderes hineinschieben. Eine engere Beziehung zwischen dem Asklepiosopfer und dem Proagon ist demnach auch wohl nicht anzunehmen. Warum die Asklepien in diese Zeit verlegt wurden, wissen wir freilich nicht; vielleicht fand um dieselbe Zeit auch an andern Orten (in Oropos?) ein Asklepiosfest statt.

[1]) Die grosse Hautgelderinschrift C. J. A. II. 741 (Ol. 112,2; 331/30 v. Chr.), auf die Mommsen sich hierbei beruft, hat zwischen den Lenaeen und Asklepien, auf die dann die grossen Dionysien folgen, eine Summe ἐκ τῆς θυσίας τῇ Ἀγαθῇ Τύχῃ παρὰ ἱεροποιῶν ΗΓΔ. und im fragm. e ΗΓԻ. Doch ist kein Grund, einen Zusammenhang dieser Opfer mit dem für Asklepios anzunehmen, zumal die betr. Hautgelder 2 verschiedene Rubriken bilden. Die andere Inschrift C. J. A. 162 fragm. c und Add. 162 fragm. e ist ganz ohne Andeutung der Jahreszeit, in der das Opfer stattfinden soll: ποιήσασθαι δὲ καὶ τῇ Ἀγαθῇ Τύχῃ μετὰ των ἐπιστατῶν τοῦ ἱεροῦ τῆς Ἀγαθῆς Τύχης . . . . καὶ τῷ Ἀμφιαράῳ καὶ τῷ Ἀσκληπιῷ κτέ. Hier ist die Beziehung auf die Asklepien am 8. Elapheb. ganz unwahrscheinlich, da das Opfer vor allem der Agathe Tyche gilt, von deren Tempelvorstehern es auch besorgt wird.

Und nun komme ich zum Schluss noch einmal auf den Anfang meiner Abhandlung zurück, nämlich auf die Erklärung des Wortes κῶμος im Gesetz des Euegoros. Nach Oehmichen hat noch J. M. Stahl (de Euegori lege disputatio, ind. lect. Monast. 1893 aestiv., S. 18 f.) die Frage nach der Bedeutung des Komos behandelt. Er wendet sich zunächt gegen Foucarts Ansicht (s. die Stelle S. 3), bei der πομπή sei das Bild des Gottes zum Altar des Dionysos Eleuthereus hingebracht, bei dem κῶμος wieder zurückgebracht worden; dies sei nicht möglich, da der κῶμος im Gesetz des Euegoros zwischen den einzelnen Festteilen aufgeführt werde. Der Komos muss mit den scenischen Wettkämpfen in Verbindung gestanden haben (vgl. C. J. A. II, 971 ἀφ' οὗ πρῶτον κῶμοι ἦσαν τῷ Διονύσῳ), doch ist er nicht, wie Oehmichen meint, als zusammenfassender Begriff für die scenischen Agone zu betrachten. Vielleicht waren beim Komos neben den Siegern der vorausgegangenen lyrischen Wettkämpfe auch die Tragöden und Komöden, die an den folgenden Tagen auftreten sollten, beteiligt; auf diese Weise wäre er zugleich der ἐπινίκιος κῶμος, den für die Dionysosfeste Diodor XVII, 72,4 bezeugt: καὶ τὸν ἐπινίκιον κῶμον ἄγειν Διονύσῳ παρήγγειλαν. Doch kann man hierbei nicht zu einem bestimmten Resultat gelangen, da unsere Kenntnis des Komos eben nur auf dem Gesetz des Euegoros und der Siegerliste C. J. A. II, 971 beruht. Daraus aber, dass Aristoteles im Staat der Athener nicht erwähnt, welchem Beamten die Besorgung des κῶμος oblag, scheint hervorzugehen, dass der κῶμος nicht zu den offiziellen Bestandteilen des Festes gehörte, sondern vom Volke selbst in freier Weise veranstaltet wurde.[1])

Auch meiner Ansicht nach ist die Frage nach der Bedeutung des Komos in der Festordnung der grossen Dionysien nicht völlig zu lösen, denn Stahls Hypothese entbehrt eben-

---

[1]) Auch C. Robert erwähnt in seiner Abhandlung „zur Theaterfrage" (Hermes XXXII, [97], S. 445) den κῶμος. wobei jedoch nicht klar ist, was er darunter versteht. („Das grosse Opfer, auf das die Prozession und die κῶμοι folgten, fand doch gewiss am Hauptaltar im Temenos des Dionysos statt.")

falls jeder Grundlage. Vielleicht wäre noch an Dittographie zu denken (καὶ ὁ κῶμος καὶ οἱ κωμῳδοί), oder sollten mit dem Worte κῶμος, das ja sonst meist Reigen mit Gesang bedeutet, die im Gesetz fehlenden Männerchöre zu Ehren des Dionysos, des ἡγέτης κώμων, bezeichnet sein? Doch sind all dies nur Möglichkeiten. Völlige Klarheit ist hier wohl kaum zu erreichen; das aber glaube ich gezeigt zu haben, dass Oehmichens Deutung des κῶμος mit ihren Konsequenzen nicht zutreffend ist.

II.
KOMÖDIEN UND TRAGÖDIEN.

Sauppe's Ansicht („über die Wahl der Richter in den musischen Wettkämpfen an den Dionysien", Berichte der sächs. Gesellsch. d. Wiss. zu Leipzig, philolog.-hist. Klasse VII[1855], S. 19 ff.), dass an den grossen Dionysien an je drei Tagen am Vormittag eine tragische Trilogie nebst Satyrspiel, am Nachmittag eine Komödie aufgeführt worden sei, ist neuerdings Gegenstand lebhafter Erörterung. Sauppe stützte seine Ansicht vor allem auf die Verse 785 ff. in Aristophanes' Vögeln, wo der Chor sagt:

οὐδέν ἐστ᾿ ἄμεινον οὐδ᾿ ἥδιον ἢ φῦσαι πτερά.
αὐτίχ᾿ ὑμῶν τῶν θεατῶν εἴ τις ἦν ὑπόπτερος,
εἶτα πεινῶν τοῖς χοροῖσι τῶν τραγῳδῶν ἤχθετο,
ἐκπτόμενος ἂν οὗτος ἠρίστησεν ἐλθὼν οἴκαδε,
κᾆτ᾿ ἂν ἐμπλησθεὶς ἐφ᾿ ἡμᾶς αὖθις αὖ κατέπιπτο.

Becker (Charikles II, S. 286), Bergk (N. Jen. Litt. Zeitung 1844, S. 1212, und griech. Litt. Gesch. III, S. 31) und

Wieseler (advers. in Aeschyl. Prom. et Aristoph. Av. p. 99 ss.) hatten aus dieser Stelle nur geschlossen, dass an den Lenaeen die Festordnung derart war, da für die grossen Dionysien durch die Voranstellung der Komödien im Gesetz des Euegoros das Gegenteil bezeugt sei; doch sagt Sauppe, der nach Westermann's („de litis instrumentis, quae extant in Demosthenis oratione in Midiam" Lipsiae 1844) Vorgang dies Gesetz für unecht hielt, mit Recht, dass dann der Witz des Chores ganz verpuffe, wenn er sich nicht auf das gerade sich abspielende Fest beziehe. Als weiteres Argument führt dann Sauppe das Theorikon an, das im ganzen eine Drachme betrug, während für die einzelnen Vorstellungen durch Demosth. de cor. 28 zwei Obolen als Eintrittsgeld bezeugt werden, sodass es gerade für 3 Tage ausreichte.

Usener (Symb. phil. Bonn. S. 583 ff.) hielt die Annahme von im ganzen drei Spieltagen bis etwa zum Jahre 394 für ganz richtig; doch müssen, wie er meint, nach diesem Jahre die Spieltage vermehrt worden sein, da wir seitdem 5 Komödien haben, die in den 3 bisherigen Spieltagen nicht unterzubringen sind.

Lipsius dagegen („Bemerkungen über die dramat. Choregie", Berichte der sächs. Gesellschaft der Wiss. zu Leipzig, philolog.-hist. Klasse XXXVII[1885], S. 411 ff.) griff im Hinblick darauf, dass in den dionysischen Siegerlisten die Komödien immer vor den Tragödien genannt werden, auf die schon von einem Anonymus bei Scaliger und von Bentley vorgeschlagene Änderung „τρυγῳδῶν" statt „τραγῳδῶν" in V. 787 der Vögel zurück, womit Aristophanes also seine eigenen Nebenbuhler verspotten würde. Demnach seien die Komödien, da nach der Aristophanesstelle am Vor- und Nachmittag Komödie gespielt wurde, an einem Tage vor den Tragödien aufgeführt worden; die Höhe des Theorikon sei wohl so zu erklären, dass entweder schon, vordem die Komödien in die offizielle Festordnung aufgenommen wurden, dieser Gebrauch, den ärmeren Bürgern das Eintrittsgeld von Staatswegen zu geben, bestand, oder dass, wenn auch schon vorher die Komödien an den grossen Dionysien eingeführt waren, doch das Theorikon auf den alteren, seit langem in Geltung stehenden Teil der Bühnenspiele beschränkt wurde.

Auch Oehmichen (a. a. O. S. 118 ff.) wendet sich gegen Sauppe, da dieser viel zu wenig Gewicht lege auf die Dauer einer tragischen Trilogie nebst Satyrspiel, die immerhin nicht viel weniger als 10 Stunden in Anspruch genommen haben kann. Die Aenderung τρυγῳδῶν verwirft jedoch Oehm, und sucht der Stelle etwa folgende Erklärung zu geben: Die dramatischen Choreuten wurden nicht nach Phylen ausgewählt, sondern sie bildeten gewissermassen einen festen Stamm, aus dem dann die Dichter ihre Auswahl trafen. Diese Choreuten traten nun jedenfalls in Tragödien und Komödien auf, wie auch Aristot. Pol. 3, 3 [1]) ausdrücklich hervorhebt. Der Chor bei Aristophanes fühlt sich also gewissermassen eins mit den übrigen dramatischen Choreuten Athens, und in diesem Sinne ist die Stelle zu deuten. Der Chor meint nämlich, wenn einer Hunger verspürt und sich ausserdem noch über die langweiligen tragischen Chorgesänge ärgert, könnte er rasch fortfliegen und dann gesättigt zu uns, die wir dann entweder im tragischen Chor mitwirken oder auch nur als Zuschauer im Theater sind, zurückkehren.

Die Höhe des Theorikon hält Oehm. nicht für ausschlaggebend, da aus ihr nur hervorgehe, dass an drei Tagen Eintrittsgeld bezahlt, nicht aber, dass nur an drei Tagen gespielt wurde; ausserdem sei die demosthenische Zeit für das fünfte Jahrhundert nicht massgebend.

Auf Sauppes Ansicht grift neuerdings J. M. Stahl (de Euegori lege disputatio, Ind. lect. Monast. 1893 aestiv.) zurück. Stahl verwirft zunächst die Emendation τρυγῳδῶν als gekünstelt und meint, aus der Aristophanesstelle gehe ganz offenkundig hervor, dass zu Aristophanes' Zeit am Vormittag die Tragödien und am Nachmittag die Komödien aufgeführt worden seien. Ganz hinfällig sei Oehmichens Ansicht über

---

[1]) ἀναγκαῖον εἶναι δόξειεν ἂν τὴν πόλιν εἶναι μὴ τὴν αὐτήν, ὥσπερ γε καὶ χορὸν ὅτε μὲν κωμικὸν ὅτε δε τραγικὸν ἕτερον εἶναί φαμεν, τῶν αὐτῶν πολλάκις ὄντων.

das Theorikon, denn nicht nur bei Demosth. 18, 28 werden die δύο ὀβολοί erwähnt, sondern auch C. J. A. I, 188, 189a (Ol. 92, 3, 410/9) und bei Aristot. de rep. Ath. 28, wo auch die Zeit der Einführung des Theorikon fixiert sei: *τοῦ δὲ δήμου Κλεοφῶν ὁ λυροποιός* (scil. stand nach Kleons Tode an der Spitze der Volkspartei), *ὃς καὶ τὴν διωβελίαν ἐπόρισε πρῶτος· καὶ χρόνον μέν τινα διεδίδου, μετὰ δὲ ταῦτα κατέλυσε Καλλικράτης Παιανιεὺς πρῶτος ὑποσχόμενος ἐπιθήσειν πρὸς δυοῖν ὀβολοῖν ἄλλον ὀβολόν*. Plutarch Per. 9 habe fälschlich die Einführung des Theorikon dem Perikles zugeschrieben infolge Verwechslung mit dem Heliastensold (vgl. Aristot. de rep. Ath. 27). Auch Lipsius' Meinung, das *θεωρικόν* habe nur für die Tragödien gegolten, sei nicht haltbar, da durch Photios bezeugt sei, dass eine Drachme zum Eintritt für alle Aufführungen berechtigte.[1]

Die Verteilung der dramatischen Wettkämpfe auf drei Tage in der Art, dass immer am Vormittag eine tragische Trilogie und am Nachmittag eine Komödie aufgeführt wurde, blieb nach Stahl in Kraft bis kurz vor 388 v. Chr.; denn dies ist das erste Jahr, für das durch die Didaskalie zu Aristoph. Plutus die Aufführung von fünf Komödien an den grossen Dionysien bezeugt wird. Diese Änderung fand wohl in der Weise statt, dass statt zwei Satyrdramen 2 Komödien genommen wurden; ausserdem wurde der Spielplan noch durch eine ausser Concurrenz stehende Tragödie eines der grossen Tragiker erweitert. Aber auch jetzt blieb nach Stahls Ansicht noch die Dreizahl der Spieltage; am ersten Tage wurden wohl die beiden ersten tragischen Trilogien aufgeführt, am zweiten dann die dritte Trilogie mit der alten Tragödie und dem einen noch übriggebliebenen Satyrspiel, und am dritten endlich die 5 Komödien. Dass im Gesetz des Euegoros und in den dionysischen Siegerlisten jedesmal die Komödien vor den Tragödien genannt werden, hat nach Stahl — abgesehen davon, dass auch in den Inschriften die Reihenfolge der

---

[1] Phot. s. v. *θεωρικά* . . . . . *ἐψηφίσαντο ἐπὶ δραχμῇ καὶ μόνον εἶναι τὸ τίμημα, θεωρικὸν αὐτῇ θέντες ὄνομα*.

Aufführungen nicht immer die gleiche sei, so C. J. A. II, 553 παισὶν ἢ ἀνδράσιν und in derselben Inschrift ἀνδράσι παισί — folgenden Grund: Um die Mitte des 4. Jahrhunderts, und älter ist weder das Gesetz des Euegoros noch der älteste Teil der Choregentafel, wurden die Komödien von den einzelnen Phylen bestritten, gerade wie die lyrischen Agone. Dadurch erhielten die Komödien mit den lyrischen Wettkämpfen eine Art Verwandtschaft, ausserdem aber waren sie natürlich der Spielgattung nach auch mit den Tragödien verwandt; deshalb stellte man die Komödien in den Verzeichnissen in die Mitte zwischen die lyrischen und tragischen Agone, obwohl sie stets erst nach den Tragödien stattfanden. Dies letztere ist auch ganz natürlich, da die Tragödien an den grossen Dionysien der ältere Teil der scenischen Aufführungen waren. Umgekehrt war die Sache bei den Lenaeen, denn hier waren die Komödien das Ursprüngliche, weshalb auch stets bei diesem Feste die Komödien zuerst aufgeführt wurden. Soweit Stahls Argumentation.

Es ist nun allerdings bezeugt, dass in der 2. Hälfte des 4. Jahrhunderts die Choregen für die Komödien von den Phylen gestellt wurden, ebenso wie für die Knaben- und Männerchöre: Aristot. de rep. Ath. 56 ἔπειτα χορηγοὺς τραγῳδοῖς καθίστησι (scil. ὁ ἄρχων) τρεῖς ἐξ ἁπάντων Ἀθηναίων τοὺς πλουσιωτάτους· πρότερον δὲ καὶ κωμῳδοῖς καθίστη πέντε, νῦν δὲ τούτους αἱ φυλαὶ φέρουσιν. ἔπειτα παραλαβὼν τοὺς χορηγοὺς τοὺς ἐνηνεγμένους ὑπὸ τῶν φυλῶν εἰς Διονύσια ἀνδράσι καὶ παισὶ καὶ κωμῳδοῖς καὶ εἰς Θαργήλια ἀνδράσι καὶ παισὶν (εἰσὶ δ' οἱ μὲν εἰς Διονύσια κατὰ φυλάς, εἰς δὲ Θαργήλια δυοῖν φυλαῖν εἷς) . . . . . ., aber für ein Gesetz, das die einzelnen Festteile der Reihenfolge nach anführt, konnte doch diese „Verwandtschaft" der Komödien mit den lyrischen Wettkämpfen nicht wichtig genug sein, um die scenischen Agone in umgekehrter Reihenfolge zu citieren. Ferner, wenn auch der ältere Teil der dionysischen Siegerlisten, wie sie uns erhalten sind, nicht älter ist als etwa 350, so gehen diese Listen doch jedenfalls auf amtliche, urkundliche Aufzeichnungen zurück, in denen die Rubriken der einzelnen Agone genau wie beim Feste selbst auf einander folgten, und die Abweichungen von der gewöhnlichen Ordnung, die z. B. in den delischen Urkunden so gross sind (vgl. oben S. 14 f.) sind hier ganz vereinzelt. Ausserdem ist eine Verteilung der 16 Stücke, die im 4. Jahrhundert an den grossen Dionysien zur Aufführung kamen, auf 3 Tage, wie Stahl vorschlägt, ganz unmöglich. Ohne Satyrspiel umfasste jede Trilogie doch mindestens $7\frac{1}{2}$—8 Stunden, wenn wir die Dauer jeder einzelnen Tragödie zu etwa 2 Stunden und nach jeder nur $\frac{1}{2}$ Stunde Pause annehmen (denn ohne Pausen hielten es auch im Altertum weder die Schauspieler noch die Zuschauer aus); das gäbe für den ersten Tag 15 bis 16 Stunden Theater!

Stahl glaubt eben wegen der Nachrichten über das Theorikon nicht von der unhaltbar gewordenen Annahme von nur 3 Spieltagen abgehen zu können, und doch sind diese Nachrichten durchaus nicht völlig klar. So sagt Oehmichen, aus der Höhe des Theorikon gehe nur hervor, dass an drei Tagen Eintrittsgeld verlangt, nicht aber dass nur an drei Tagen gespielt worden sei, und Lipsius (vgl. oben S. 27 f.) meint, das Eintrittsgeld sei den Bürgern nur für die Tragödien, den älteren Teil der Bühnenspiele, vom Staate ersetzt worden. Auch daran könnte man vielleicht denken, dass eine Drachme gewissermassen der Abonnementsbetrag zum Besuch sämtlicher Vorstellungen war, und dass ähnlich wie heutzutage der Eintrittspreis für die einzelnen Vorstellungen im Verhältnis etwas höher zu stehen kam; der Platz selbst aber wurde als Zweiobolenplatz bezeichnet (Demosth. de cor. 28 ἐν τοῖν δυοῖν ὀβολοῖν ἐθεώρουν ἄν), ebenso wie wir von einem Zweimarkplatz z. B. reden, wenn derselbe im Abonnement auch billiger ist. Ausserdem bezeugt keine einzige Stelle, dass das vom Staat den Bürgern ersetzte Eintrittsgeld eine Drachme betrug, sondern nur, dass der Eintrittspreis im ganzen diese Höhe hatte: Philochoros ap. Harpocrat. s. v. θεωρικά· τὸ δὲ θεωρικὸν ἦν τὸ πρῶτον νομισθὲν δραχμὴ τῆς θέας; ebenso Phot. s. v. θεωρικά zweiter Artikel; Suidas s. v. θεωρικά· πλεονεκτουμένων δὲ τῶν πενήτων διὰ τὸ ῥᾳδίως τοῖς πλουσίοις πλείονος τιμῆς τοῦτο γίνεσθαι, ἐψηφίσαντο ἐπὶ δραχμῇ μόνον εἶναι τὸ τίμημα; Schol. Luc. Timon c. 49: δραχμὴ δὲ ἦν τὸ διδόμενον, καὶ οὔτε πλέον ἐξῆν δοῦναι δραχμῆς οὔτε ἔλαττον. Das von Sauppe (a. a. O. S. 21) darauf bezogene Zeugnis Hyperid. in Demosth. § 20 ist von Fickelscherer (de theoricis Atheniensium pecuniis commentatio, Leipzig 1879, S. 9) unter Hinweis auf Dinarch I, 56 zurückgewiesen worden, da es sich in beiden Fällen um eine einmal zu zahlende Summe von 5 Drachmen handelt. Zudem ist allgemein anerkannt, dass die Höhe des Theorikon oft wechselte, und auch die Meinungen der Grammatiker gehen in dieser Beziehung vollständig auseinander (vgl. Müller, Bühnenalt. S. 298, A. 2).

Doch genug davon. Jedenfalls ist sicher, dass im 4. Jahrhundert, wo es im ganzen 5 Komödien waren und ausserdem noch eine Tragödie eines alten Meisters dazugekommen war, die Zahl von 3 Spieltagen nicht ausreichte. Aber auch für das 5. Jahrhundert, wenigstens für dessen zweite Hälfte, ist es sehr wahrscheinlich, dass die dramatischen Wettkämpfe mehr als 3 Tage in Anspruch nahmen. Zunächst ist auch hier die Zeitdauer der einzelnen Stücke in Anschlag zu bringen. Die Athener gingen am frühen Morgen [1]) ins Theater. Eine tragische Trilogie mit Satyrspiel dauerte nun mindestens 9—9½ Stunden, sodass das ἄριστον, das zwischen der 3. Stunde und Mittag eingenommen zu werden pflegte, ganz ausfiel.[2])

---

[1]) Demosth. Mid. 74 ἐγὼ δ'ὑπ' ἐχθροῦ, νήφοντος, ἔωθεν ... ὑβριζόμην. Aeschin. in Chesiph. 76 ἅμα τῇ ἡμέρᾳ ἡγεῖτο τοῖς πρέσβεσιν εἰς τὸ θέατρον. Xenoph. Oec. 3, 7 νῦν δ' ἐγώ σοι σύνοιδα ἐπὶ μὲν κωμῳδῶν θέαν καὶ πάνυ πρωὶ ἀνισταμένῳ .... συνθεᾶσθαι ist vielleicht auf die ländlichen Dionysien zu beziehen (so Göll zu Beckers Charikles I, S. 282).

[2]) Die Stelle Philochoros bei Athen. XI, p. 464 E.: Ἀθηναῖοι τοῖς Διονυσιακοῖς ἀγῶσι τὸ μὲν πρῶτον ἠριστηκότες καὶ πεπωκότες ἐβάδιζον ἐπὶ τὴν θέαν ...... μαρτυρεῖν δὲ τούτοις καὶ Φερεκράτη τὸν κωμικόν, ὅτι μέχρι τῆς καθ' ἑαυτὸν ἡλικίας (circa 420 v. Chr.) οὐκ ἀσίτους εἶναι τοὺς θεωροῦντας, kann nicht gut, wie Müller (a. a. O. S. 302) meint, bedeuten, dass bis zur Mitte

Dass ja im Theater die Zuschauer manchmal auch etwas genossen, wird bezeugt durch Aristot. Eth. Nicom. X, 5. (οἷον καὶ ἐν τοῖς θεάτροις οἱ τραγηματίζοντες, ὅταν φαῦλοι οἱ ἀγωνιζόμενοι ὦσιν, τότε μάλιστα αὐτὸ δρῶσιν) und die am Ende von Anm. 2 auf dieser Seite angeführten Stellen; diese Erfrischungen aber waren nur Naschwerk und keine consistenten Speisen, wie sie das Publikum gebraucht hätte, wenn das Theater 12 und mehr Stunden gedauert hätte. Das Theater während der Aufführungen zu verlassen, war vielleicht, um Unordnung zu verhüten, bestimmt untersagt (so Ribbeck, Rhein. Mus. XXIV, S. 134) und kam jedenfalls schon aus dem Grunde nur äusserst selten vor, weil man beim Wiedereintritt neu zu zahlen hatte (Benndorf, Beiträge zur Kenntnis des athenischen Theaters [1875] S. 29). Und 3 Tage lang je 12—15 Stunden Theater auszuhalten war wohl selbst für die schaulustigen Athener zuviel.

Dann wäre es auch für die Preisrichter ungeheuer schwer gewesen, ihr Amt richtig auszuüben, wenn jeden Tag eine tragische Trilogie nebst Satyrspiel und eine Komödie zur Aufführung gekommen wären; denn auf diese Weise mussten sich ja die Eindrücke vollständig verwischen, zumal die Satyrspiele, die nach Sauppes und Stahls Annahme zwischen den Tragödien und Komödien aufgeführt wurden, doch manche Ähnlichkeit mit den letzteren hatten. Dagegen war besonders für die Komödien die Beurteilung erleichtert, wenn sie in einer Reihe, an einem Tage auf einander folgten. Diese inneren Gründe müssten uns daher meines Erachtens schon bestimmen, die Aufführung der Komödien auf einen besonderen Tag zu verlegen, wenn uns dies auch nicht durch

---

des 5. Jahrhunderts die Vorstellungen erst dann begannen, wenn das Publikum das ἄριστον genossen hatte; denn dann hätten die Aufführungen von etwa 11 bis 8 oder 9 Uhr Abends gedauert, was bei der Kürze der Tage im März ganz unmöglich ist. Vielleicht fing man in der zweiten Hälfte des 5. Jahrhunderts an, die τραγήματα so reichlich zu verteilen, dass der Pöbel sich das erste Frühstück ersparen zu können glaubte (vgl. C. J. Gr. 1625, 55; Aristoph. Vesp. 58 mit dem Scholion dazu. Aristoph. Plut. 797).

das Gesetz das Euegoros und die dionysischen Siegerlisten bestimmt und urkundlich bezeugt würde. Und auch die einzige Stelle, die gegen diese Annahme zu sprechen scheint, Aristoph. Av. 785 ff., stimmt mit diesem Ansatz überein, wenn wir, wie zuletzt Lipsius (vgl. oben S. 27) vorschlug, in V. 787 τρυγῳδῶν statt τραγῳδῶν lesen.[1])

Allerdings behält Oehmichen die Lesart τραγῳδῶν bei, aber seine Erklärung der Stelle (s. S. 28) ist geschraubt. Der komische Chor kann mit ἐφ' ἡμᾶς gar nichts anderes meinen als sich selbst, resp. die Komödie, in der er selbst auftritt, im Gegensatz zu den vorausgegangenen Stücken, mögen diese nun Tragödien oder Komödien sein. Der Dichter lässt den Chor ja gerade hervorheben, dass man sich bei seinem Lustspiel nicht langweile, wie bei den anderen Stücken; diese Pointe geht ganz verloren, wenn wir mit Oehmichen annehmen, die Choreuten meinten nur, dass, wenn der Betr. ins Theater zurückkehre, sie in einem anderen Stück mitwirkten oder auch nur als Zuschauer anwesend seien. Das Publikum musste jedenfalls die Bemerkung des Chores so auffassen, dass der Dichter damit seinen Nebenbuhlern einen Hieb versetzen wollte. Ebensowenig wie Oehmichens Erklärung befriedigt die Ansicht von A. Müller (Bühnenalt. S. 322, A. 4), der mit Beibehaltung der Lesart τραγῳδῶν meint, ἐφ' ἡμᾶς bedeute nur „zu uns ins Theater": denn auch so verlieren die Worte τοῖς χοροῖσι τῶν τραγῳδῶν ἤχϑετο ganz ihre Pointe.

Zum Schlusse muss ich noch eine Ansicht anführen, die ungefähr gleichzeitig von Oehmichen in seiner Recension von Müllers Bühnenaltertümern (Berl. philol. Wochenschr.

---

[1] τρυγῳδός und davon abgeleitete Wörter kommen ausserdem bei Aristophanes noch an folgenden Stellen vor:

τρυγῳδός: Vesp. 650, 1537; fr. Geryt. ap. Athen. 12, p. 551 B.

τρυγῳδικὸς χορός: Acharn. 886.

τρυγῳδοποιομουσική: fr. Thesmoph. alt. ap. Athen. 3, p. 117 C.

Ferner erklärt der Scholiast zu Acharn. 400 τρυγῳδία als κωμῳδία, ähnlich 499, 500; doch sind hier doch wohl Tragödien gemeint.

1887, S. 1058 f.) und ausführlicher von H. Freericks (Comment. philol. Ribbeck. |Lpz. 1888| S. 205 ff.) geäussert wurde. Aus der Notiz des Suidas s. v. Σοφοκλῆς: αὐτὸς ἦρξε τοῦ δρᾶμα πρὸς δρᾶμα ἀγωνίζεσθαι, ἀλλὰ μὴ τετραλογίαν schliessen nämlich diese beiden Gelehrten, Sophokles habe nicht nur den inneren Zusammenhang der Trilogie resp. Tetralogie aufgelöst, sondern auch die Einrichtung getroffen, dass an einem Tag nicht die ganze Tetralogie eines Dichters aufgeführt wurde, sondern aus jeder Tetralogie je ein Stück. Die Auswahl und Verteilung der einzelnen Stücke geschah entweder durch das Los oder durch den Archon, dem ja überhaupt die Oberleitung der grossen Dionysien oblag. Natürlich kamen die Satyrspiele nicht alle an einem Tage zur Aufführung, sondern durch das Los wurde je eins für jeden Tag bestimmt. Doch finden wir schon in der 2. Hälfte des 5. Jahrhunderts eine vierte Tragödie, die jedenfalls an Stelle des Satyrspiels in der Tetralogie getreten war; somit müssen wir von da an einen 4. Tag für die Tragödien ansetzen. Darauf bezieht sich auch die Stelle Plut. an seni 3,7 Πῶλον δὲ τὸν τραγῳδὸν ἱστοροῦσιν ἑβδομήκοντα ἔτη γεγενημένον ὀκτὼ τραγῳδίας ἐν τέτταρσιν ἡμέραις διαγωνίσασθαι, denn sie ist nur so zu verstehen, dass Polus in 2 Tetralogien spielte, also an jedem der 4 Tragödientage in 2 Stücken auftrat. Allerdings steht nicht fest, welcher Zeit dieser Polus angehört.

Die Ansicht, dass infolge dieser Neuerung des Sophokles an jedem Tragödientage ein Werk eines jeden beim Wettkampf beteiligten Dichters zur Aufführung kam, ist allerdings schwer zu widerlegen. Die Bedenken, die Stahl a. a. O. S. 6 f. dagegen erhebt, dass nämlich noch zu Sophokles' Zeit Tetralogien im alten Sinn auf die Bühne kamen, wie des Philokles' Pandionis (schol. Aristoph. Av. 281) und die Oidipodeia des Meletus, des Anklägers von Sokrates (schol. Plat. Apol. 18 b) sind nicht stichhaltig, da auch nachher noch der Stoff zu den immer noch so genannten Tetralogien oft aus demselben Sagenkreis entnommen war. Anders jedoch verhält es sich mit der Annahme, das Satyrspiel sei in der zweiten Hälfte des 5. Jahrhunderts durch eine Tragödie ersetzt und somit ein vierter Tragödientag notwendig geworden. Von der Polusanekdote sagt Stahl mit Recht, dass wir ja nicht wissen, ob diese Kraftleistung in den dionysischen Wettkämpfen zu Athen vor sich ging, zumal wir für die Zeit nicht den geringsten Anhaltspunkt haben. Die Ersetzung des Satyrspiels in der Tetralogie durch eine vierte Tragödie, die Oehmichen („Anfänge der dionysischen Wettkämpfe" S. 115 f.) als allgemeine Regel annimmt, ist auch durchaus nicht genügend beglaubigt. Das einzige bestimmte Beispiel dafür ist die Alkestistetralogie des Euripides, die aus den Kreterinnen, Alkmaeon in Psophis, Telephos und der uns erhaltenen Alkestis bestand; doch ist ja Alkestis keine eigentliche Tragödie, sondern infolge des manchmal burlesken Ausdrucks und des glücklichen Ausgangs eher ein Lustspiel, sodass sie jedenfalls lediglich den Zweck hatte, in diesem Falle das Satyrspiel zu ersetzen.[1]) Und woher kommt auf einmal im 4. Jahrhundert wieder das Satyrspiel, wenn es schon lange vorher abgeschafft war?

Für das 5. Jahrhundert werden wir also nur 3 Tragödientage anzusetzen haben; ob nun an jedem Tage eine ganze Tetralogie, oder je ein Stück von allen Dichtern aufgeführt wurde, wage ich nicht zu entscheiden. Im 4. Jahrhundert kommen dann die ausser Konkurrenz stehende Tragödie eines alten Meisters sowie zwei weitere Komödien hinzu, wogegen die Satyrspiele auf eins beschränkt werden; deshalb müssen wir jetzt 5 Spieltage annehmen, und zwar einen für die Komödien, einen für die παλαιὰ τραγῳδία und das Satyrspiel und drei für die Tragödien. Vielleicht nahm man auch, um die Länge der Spielzeit an den einzelnen Tagen besser auszugleichen, noch eine Komödie auf den für die alte Tragödie und das Satyrspiel bestimmten Tag herüber.

[1] Vgl. Rauchenstein, über die Alkestis des Euripides. Aarauer Programm 1847.

III.
DIE DAUER DES FESTES.

Die grossen Dionysien begannen, wie im ersten Teil meiner Abhandlung ausgeführt, nach dem 8. Elaphebolion; über ihr Ende haben wir zwei verschiedene Zeugnisse, die sich nur sehr schwer mit einander vereinigen lassen. Thukydides berichtet nämlich IV, 118, 12, dass am 14. Elaphebolion 423 (Ol. 89, 1) eine Volksversammlung in Athen abgehalten ward, worin ein Waffenstillstand mit den Spartanern beschlossen wurde: καὶ ὡμολόγησαν ἐν τῷ δήμῳ τὴν ἐκεχειρίαν εἶναι ἐνιαυτόν, ἄρχειν δὲ τήνδε τὴν ἡμέραν τετράδα ἐπὶ δέκα τοῦ Ἐλαφηβολιῶνος μηνός. Hieraus müsste man schliessen, dass damals am 14. Elaphebolion das Fest schon zu Ende war, denn nur in Ausnahmefällen finden wir, dass an Festtagen Volksversammlungen stattfanden. Mommsen (Heort. S. 388) stellt auch, gestützt auf diese Stelle, für die grossen Dionysien folgenden Minimalansatz von 5 Tagen auf: am 8. Elaphebolion der προάγων, am 9. die πομπή und der Schmaus, am 10. die παῖδες und ἄνδρες, dann am 11., 12. und 13. je eine tragische Tetralogie und eine Komödie, und am 14. das Pandienopfer und die Versammlung im Theater (Dem. 21, 8.).[1]

Dass nun die Tragödien und Komödien zusammen mehr als 3 Spieltage in Anspruch genommen haben müssen, glaube ich im zweiten Teil meiner Abhandlung bewiesen zu haben; es wäre daher nur noch der Ausweg da, dass wir den Festzug mit den Knaben- und Männerchören zusammen auf einen Tag, und zwar den 9. Elapheb., setzen. Nun schliesst schon Mommsen aus der Höhe der Unkosten, die die lyrischen

---

[1] An diesem Minimalansatz von 3 Spieltagen halten ausser Stahl (vgl. oben S. 28 ff.) auch noch Alb. Müller (Bühnenalt. S. 320 ff.) und P. Stengel (Iw. Müllers Handbuch V, 3, S. 166) fest.

Wettkämpfe verursachten, sowie aus der Berühmtheit der bei dieser Gelegenheit vorgetragenen Dithyramben, dass diese Chöre ziemlich umfangreich gewesen sein müssen; freilich meint er auch (S. 394 f.), es seien im ganzen mit den am Proagon beteiligten und mit den dramatischen nur 10 Chöre gewesen, doch ist jetzt bewiesen, dass 5 Knaben- und 5 Männerchöre im lyrischen Agon auftraten (vgl. Bergk. griech. Litt.-Gesch. II, 501; Lipsius an der S. 27 angegebenen Stelle). Es ist daher unmöglich, für den doch auch geraume Zeit in Anspruch nehmenden Festzug und die kyklischen Wettkämpfe zusammen nur einen Tag anzusetzen, und es bleibt uns somit nichts Anderes übrig, als den 14. Elapheb. noch als Festtag der grossen Dionysien zu betrachten. Zwar sagt P. Stengel (Iw. Müllers Handbuch V, 3, 151), dass an hohen Festtagen Gerichtssitzungen, Volksversammlungen und überhaupt öffentliche Arbeiten und Geschäfte untersagt waren, und Oehmichen behauptet (a. a. O. S. 117), der Friedensschluss im Jahre 423 könne nicht an einem Festtag eingetreten sein, aber die Beispiele von Volksbeschlüssen an Festtagen sind doch nicht sehr selten, wie aus der folgenden Tabelle hervorgeht (die Beispiele erstrecken sich vom Beginn des 4. Jahrhunderts bis zur römischen Periode; im 5. Jahrhundert sind die Psephismen noch undatiert):

Monat	Tag	Das auf diesen Tag fallende Fest	Jahr	Belegstelle.
Boëdromion	6.	Marathonien.	52-42 v. Chr.	C. J. A. II, 481.
„	18.	Eleusinien.	284/3 (Ol. 124, 1.)	C. J. A. II, 314.
„	„		nach Ol. 124.	C. J. A. II, 330.
„	20.		Ende der Ol. 121 (297-296 v. Chr.)	C. J. A. II, 303.
Pyanopsion	6.	Kybernesien.	um Ol. 163, 4 (125,4 v. Chr.)	C. J. A. II, 461.
„	11.	Halimusische Thesmophorien.	Mitte d. 2. Jahrh.	C.J.A.II,471,50.
„	29.	Apaturien.	Ol. 112, 4 (329,8 v. Chr.)	C. J. A. II. 178.
Maimakterion	21.	Fest des Zeus Georgos.	Ol. 130, 1 (260,59 v. Chr.)	Diog. Laert. VII. 1, 10.

Monat	Tag.	Das auf diesen Tag fallende Fest	Jahr.	Belegstelle.
Posideon	9.	} Piraeen.	Anf. d. 2. Jahrh.	C. J. A. 465, 28.
,,	11.		Ol. 124 (283—280 v. Chr.)	C. J. A. II, 317.
Gamelion	8.	} Lenaeen.	um Ol. 162 (132-129 v. Chr.)	C. J. A. II, 475.
,,	11.		wohl Ol. 116, 3 (347/6 v. Chr.)	C. J. A. II, 234.
,,	11.		Ende d. 3. Jahrh.	C. J. A. II, 385.
,,	11.		2. Jahrhundert.	C. J. A. II, 421.
,,	11.		Ol. 162 (132-129 v. Chr.)	C.J.A.II,470,63.
Anthesterion	19.	Kleine Mysterien.	2. Jahrhundert.	C. J. A. II, 407.
(Elaphebolion	5.	NachOchm.erster Tag d. gr. Dion.	Ol. 121, 2 (298 v. Chr.)	C. J. A. II, 300.)
,,	8.	Asklepieia und προάγων der gr. Dionysien.	Ol. 108, 2 (347/6 v. Chr.)	Aeschin. III, 67.
,,	9.	} Gr. Dionysien.	Ende d. 2. Jahrh.	C. J. A. 469. 49.
,,	14.		Ol. 89, 1 (424/3 v. Chr.)	Thuc. IV, 118.
Munichion	16.	} Munichien.	Ol. 121, 1 (296/5 v. Chr.)	C. J. A. II, 299.
,,	16.		2. Jahrhundert.	C. J. A. II, 435.
,,	19.	Olympieen.	Mitte d. 3. Jahrh.	C. J. A. II, Add. 373b, 27.
Thargelion	25.	Plynterien.	Ol. 119, 1 (304/3 v. Chr.)	C. J. A. II, 257.[1])

Es sind im ganzen 20 inschriftlich beglaubigte Fälle unter den etwa 200 Psephismen, die datiert sind; also ein volles Zehntel. Und dann war dieser Waffenstillstand so wichtig, und Athen und Sparta waren gleichermassen so interessiert an seinem raschen Zustandekommen (Thuc. IV, 117, 1 ἅμα ἦρι τοῦ ἐπιγιγνομένου θέρους εὐθὺς ἐκεχειρίαν ἐποιήσαντο), dass recht wohl am frühen Morgen vor dem Theater eine solche Volksversammlung, die die Verträge nur zu ratificieren hatte, stattfinden konnte.

[1]) Vgl. dazu Reusch, de diebus contionum ordinariarum apud Athenienses (Diss. philol. Argentorat. III, 1880), S. 6—49, 95 ff.

Nach Mommsens und Oehmichens Annahme müsste der Waffenstillstand am Pandientage selbst beschlossen worden sein, der doch auch ein Festtag der Dionysien war. Mommsen meint nun, die Πάνδια hätten nur in einem der Mondgöttin dargebrachten Opfer bestanden: dies habe schon am Abend des 13. Elaphebolion, nach seinem Ansatz des letzten Schauspieltages, stattgefunden, und am Lichttag des 14. Elapheb., der ὑστεραία Πανδίων, sei dann die alljährliche ἐκκλησία ἐν Διονύσου μετὰ τὰ Πάνδια abgehalten worden, die sich gut zu solchen hochwichtigen Beschlüssen eignete. Nun wissen wir aber genau, welchen Zweck diese unmittelbar auf das Fest folgende Versammlung hatte: Demosth. in Mid. 8 νόμος· τοὺς πρυτάνεις ποιεῖν ἐκκλησίαν ἐν Διονύσου τῇ ὑστεραίᾳ Πανδίων. ἐν δὲ ταύτῃ χρηματίζειν πρῶτον μὲν περὶ ἱερῶν, ἔπειτα τὰς προβολὰς παραδεδότωσαν τὰς γεγενημένας ἕνεκα τῆς πομπῆς ἢ τῶν ἀγώνων τῶν ἐν τοῖς Διονυσίοις, ὅσαι ἂν μὴ ἐκτετισμέναι ὦσιν. 9. ὁ μὲν νόμος οὗτός ἐστιν, ὦ ἄνδρες Ἀθηναῖοι, καθ᾽ ὃν αἱ προβολαὶ γίγνονται, λέγων, ὥσπερ ἠκούσατε, ποιεῖν τὴν ἐκκλησίαν ἐν Διονύσου μετὰ τὰ Πάνδια, ἐν δὲ ταύτῃ ἐπειδὰν χρηματίσωσιν οἱ πρόεδροι περὶ ὧν διῴκηκεν ὁ ἄρχων, χρηματίζειν καὶ περὶ ὧν ἄν τις ἠδικηκὼς ᾖ περὶ τὴν ἑορτὴν ἢ παρανενομηκώς. Ferner sagt das Scholion zu Aeschines 2, 61, wo auch die ἐν Διονύσου ἐκκλησία erwähnt wird: ἐν τῷ θεάτρῳ αὐτῷ μετὰ τὴν ἑορτὴν ἐκκλησία ἠθροίζετο, ἐν ᾗ οὐδὲν ἕτερον ἢ τὰ περὶ τῆς ἑορτῆς ἐσκοποῦντο καὶ τοὺς πλημμελήσαντας περὶ αὐτὴν ἐκόλαζον. Es wurden also in der Volksversammlung μετὰ τὰ Πάνδια lediglich Dinge verhandelt, die sich auf das Fest bezogen; infolgedessen war sie zu so wichtigen Beschlüssen nicht besonders geeignet. Weit eher ist anzunehmen, dass zum Abschlusse des Waffenstillstandes eine ausserordentliche Versammlung (vielleicht im Theater selbst) anberaumt wurde und zwar sofort nach Ankunft der Unterhändler.

Ich glaube daher von der Verwertung der Thukydidesstelle zur Bestimmung des Endtermines der grossen Dionysien absehen zu müssen und wende mich zum zweiten

Zeugnis. Aeschines rügt in der Rede περὶ παραπρεσβείας den Uebereifer des Demosthenes und sagt dabei § 61 Δημοσθένης κελεύει τοὺς πρυτάνεις μετὰ τὰ Διονύσια τὰ ἐν ἄστει καὶ τὴν ἐν Διονύσου ἐκκλησίαν προγράψαι δύο ἐκκλησίας, τὴν μὲν τῇ ὀγδόῃ ἐπὶ δέκα, τὴν δὲ τῇ ἐνάτῃ ἐπὶ δέκα, ὁρίζων καὶ προϋφαιρῶν τὸν χρόνον πρὶν ἐπιδημεῖν τοὺς ἀπὸ τῶν Ἑλλήνων πρέσβεις. Wenn wir nun, wie es fast allgemein geschieht, die Πάνδια auf den 14. Elapheb. ansetzen, so verliert die Stelle ihre ganze Pointe, denn dann sind ja 3 Tage zwischen der Ekklesie im Theater und den zwei neuen Versammlungen, der 15., 16. und 17. Elaph., und von einem Übereifer des Demosthenes kann keine Rede sein. Mommsen verlegt nun die Πάνδια auf den 14. Elaph. (Heort. S. 389 u. 396) aus dem Grunde, weil er sie als Fest der Mondgöttin Pandia betrachtet, die Hymn. Hom. 32, 11 als διχόμηνος bezeichnet wird; dies würde allerdings auf den 14., den Tag des Vollmondes, recht gut passen. Doch steht diese Beziehung der Pandien auf Pandia, die Tochter des Zeus und der Selene, durchaus nicht fest. Photios p. 376 sagt: Πάνδια ἑορτή τις Ἀθήνησι μετὰ τὰ Διονύσια ἀγομένη, ἀπὸ Πανδίας τῆς Σελήνης, ἢ ἀπὸ Πανδίονος, οὗ ἐστι καὶ φυλὴ ἐπώνυμος· ἄγειαι δὲ αὕτη τῷ Διί: Pollux I, 37 bemerkt nur „Διὸς Διάσια καὶ Πάνδια" und gibt VI, 163 dem παν dieselbe Bedeutung wie in Παναθήναια, Πανιώνια, Παναιώλια. Ebenso fassen die Pandien als Zeusfest auf C. F. Hermann (griech. Altert. II, § 59, Anm. 5), Welcker (Abhandl. der Berl. Akademie 1852. S. 272, und griech. Götterl. I, S. 209, A. 14) und neuerdings v. Wilamovitz (Kydathen S. 133) und Stengel (Iw. Müllers Handbuch V, 3, S. 167), der sie ursprünglich für ein grosses Zeusfest von allgemeiner Bedeutung hält, das aber durch die Panathenaeen in Schatten gestellt und zu einem Appendix der grossen Dionysien, wenn auch nie ganz unbedeutend, wurde. Ganz klar liegt also die Sache mit der Bedeutung der Πάνδια nicht. Aber auch angenommen, das Fest habe der Mondgöttin Pandia gegolten und sei deshalb zur Zeit des Vollmondes gefeiert worden, so liesse sich dies recht gut mit der Festordnung der Dionysien vereinigen. Ursprünglich, ehe noch die Komödien in den Spielplan aufgenommen waren, reichten 5 Festtage aus. Die πομπή, παῖδες und ἄνδρες zusammen konnten leicht in 2 Tagen erledigt werden, dann blieben noch 3 Tage für die Tragödien und am 14. oder 15. hätte sich dann das Vollmondsfest der Pandien angeschlossen. Später aber, als erst die Komödien und später seit Anfang des 4. Jahrhunderts noch andere Erweiterungen des Spielplanes dazukamen, reichte diese Zeit von 5 Tagen nicht mehr aus, und da man nur noch gewöhnt war, die Pandien als Schlussfesttag der Dionysien zu betrachten, so rückte man sie erst um einen, dann um 2 Tage weiter hinaus. Wenn es dagegen richtig ist, wie auch mir wahrscheinlicher scheint, dass die Pandien ein Zeusfest waren, so lag überhaupt kein Grund vor, sie auf die διχομηνία am 14. oder 15. Elaph. zu verlegen.

Da nun die Aeschinesstelle nur dann ihre Spitze gegen Demosthenes behält, wenn die μετὰ τὰ Πάνδια ἐν Διονύσου ἐκκλησία jenen zwei auf den 18. und 19. Elaph. anberaumten Versammlungen unmittelbar vorausging, so müssen wir die Πάνδια selbst auf den 16. oder 17. dieses Monats ansetzen, je nachdem wir annehmen, dass dies Fest einen ganzen Tag in Anspruch nahm oder dass es nur am Abend gefeiert wurde, sodass an dem dazu gehörigen Lichttag die Ekklesie im Theater stattfinden konnte.[1])

Sehen wir nun nach, wie sich diese Dauer der grossen Dionysien von einem Tage nach dem 8. bis zum 16. oder 17. Elaph. zur Zahl und Dauer der einzelnen Festteile zur Zeit der grössten Ausdehnung des Festes in der 1. Hälfte des 4. Jahrhunderts verhält. Zuerst kam die πομπή, der grosse Festzug; an demselben Tage fanden jedenfalls auch das grosse Opfer und die Schmäuse zu Ehren des Dionysos

---

[1]) Usener (Symb. philol. Bonn. S. 597, A 27) meint, die Möglichkeit, dass die Pandien und Theaterversammlung zwei verschiedenen Tagen angehörten, lasse sich mit Wahrscheinlichkeit abweisen: doch sehe ich nicht ein, worin diese Wahrscheinlichkeit bestehen soll.

statt. Dann folgten die Knaben- und Männerchöre. Müssen wir für diese drei Begehungen πομπή, παῖδες, ἄνδρες, nun auch drei Tage ansetzen? Es scheint mir dies fast zu viel, denn im Vergleich zu den folgenden Schauspieltagen wären doch diese drei Tage durch den Festzug und die Dithyramben nur sehr schwach ausgefüllt. Vielleicht wurde ein Teil der Chöre schon während der πομπή an dem Zwölfgötteraltar auf der Agora erledigt (Xen. Hipp. III, 2 καὶ ἐν τοῖς Διονυσίοις οἱ χοροί προσεπιχαρίζονται ἄλλοις τε θεοῖς καὶ τοῖς δώδεκα χορεύοντες). Es möchte daher wohl das Richtigere sein, für πομπή, παῖδες und ἄνδρες zusammen nur zwei Tage anzusetzen.

Daran reihten sich die Schauspieltage, in der 1. Hälfte des 4. Jahrhunderts 5 (vgl. S. 36): das gäbe also für diese Zeit zusammen 7 Festtage ohne die Pandien. Diese sieben Festtage müssten wir dann auf den 9. bis 15. oder auch auf den 10. bis 16. Elapheb. verlegen, je nach dem Datum der Pandien. Letzterer Ansatz ist wohl der wahrscheinlichere, da dann das Asklepiosfest wenigstens durch einen Tag von den Dionysien getrennt ist; die Bemerkung im Schol. Aeschin. 3, 67 ἐγίνοντο πρὸ τῶν μεγάλων Διονυσίων ἡμέραις ὀλίγαις ἔμπροσθεν müssen wir dann allerdings als ungenau betrachten, wenn sie nicht überhaupt lediglich Glossem zu πρὸ τῶν μεγάλων Διονυσίων ist.

Dies ist meiner Ansicht nach die Festordnung für die Hälfte des 4. Jahrhunderts, wenigstens von vor 388 bis nach 346.[1] Im 5. Jahrhundert reichten, wie schon oben erwähnt, anfangs, als die Komödien noch nicht in den

[1] Eine etwas andere Festordnung gibt Usener (a. a. O. S. 597) für das Jahr 346. Er verteilt nämlich die Tage der Dionysien selbst auf den 11. bis 16. Elapheb., worauf am 17. die Pandien nebst der ἐν Διονύσου ἐκκλησία und am 18. und 19. die von Demosthenes beantragten Volksversammlungen folgen: der 9. und 10. dagegen sind nach seiner Ansicht Werktage, die das Fest von den Asklepien und dem προάγων trennen. Als Beweis dafür bringt Usener die Stelle Plaut. Pseud. 321 f.:
 Ballio: quid nunc vis? Calid. ut opperiare hos sex dies festos modo
 ne illam vendas neu me perdas hominem amantem.

Spielplan aufgenommen waren, 3 Schauspieltage aus; später wurden dann durch Hinzufügung des komischen Agon die Spieltage um einen vermehrt. Danach haben wir also bis etwa zur Mitte des 5. Jahrhunderts 5, dann bis zum Anfang des 4. 6 und in der ersten Hälfte des 4. Jahrhunderts 7 Festtage ausser dem Schlussfest der Pandien. Welcher Tag des Monats jedoch der erste Festtag war, ferner ob der Anfangstag des Festes immer derselbe blieb, oder ob, wie Usener meint, das Fest später etwas weiter hinausgeschoben wurde, kann, wie ich glaube, nicht mit Bestimmtheit ermittelt werden, da wir nicht wissen, ob im Anfang oder später das Fest unmittelbar nach dem 8. Elaphebolion begann und ob die Pandien mit Theaterversammlung zusammen nur einen Tag in Anspruch nahmen oder nicht. Nur für die Zeit von vor 388 bis nach 346 wage ich den Anfangs- und Endtermin des Festes genauer zu bestimmen; in dieser Zeit nämlich dauerten die grossen Dionysien ohne προάγων und Πάνδια entweder vom 9. bis 15. oder vom 10. bis 16. Elaphebolion.

Als das in Rede stehende Fest sind V. 59 die Dionysien ausdrücklich genannt: ei rei dies
haec praestituast proxuma Dionusia.
Das Stück, resp. sein griechisches Vorbild, wurde, wie Usener aus der Erwähnung von Sikyon in Vers 995, 1098 und 1174 schliesst, 303 oder 302 auf die Bühne gebracht; dass damals die grossen Dionysien aus 6 Festtagen bestanden, scheint mir durch Useners Untersuchung unwiderleglich bestätigt. Gilt dies aber auch für das Jahr 346? In der zweiten Hälfte des 4. Jahrhunderts traten Veränderungen in der Festordnung ein; dies beweist die Inschrift C. J. A. II, 973 (Z. 16 ff.), wo für das Jahr 341/0 bezeugt ist, dass von 3 Dichtern nur je 2 Tragödien gegeben wurden. Wenn nun, wie Freericks (vgl. S. 35 f.) wahrscheinlich macht, an jedem Tage ein Stück von jedem Dichter aufgeführt wurde, so brauchen wir für diese Zeit nur mehr 2 Tragödientage statt, wie früher, 3; die Summe der Festtage war also damals 6, was genau mit der Plautusstelle übereinstimmt. Dagegen erscheinen mir die Beweise, die Usener dafür erbringt, dass der Vortag der Dionysien, an dem das Stück spielt, nicht das Asklepiosfest, sondern ein Werktag war, nicht zwingend, zumal im Pseudulus augenscheinlich Contamination vorliegt,

Zum Schluss teile ich noch die Verteilung der Festtage nach Mommsen und Oehmichen mit, um zu zeigen, wie sehr die Ansichten auseinandergehen, wenn man bestrebt ist, aus so lückenhaftem Material bindende Schlüsse zu ziehen.

Mommsen Heort. S. 388 f.[1])
Elaphebolion VIII. Asklepiea, Vorfeier.
           IX. Festzug und Schmaus.
           X. οἱ παῖδες.
           XI.⎫ an jedem der drei Tage vormittags
           XII.⎬ eine tragische Trilogie, nachmittags
           XIII.⎭ eine Komödie.
           XIV. Pandienopfer und am selben Tage die gesetzlich angeordnete Ekklesie.

Oehmichen a. a. O. S. 118.[2])

Elapheb.	früher (472 ff.)	später	noch später (340)
5	πομπή	πομπή	πομπή
6	παῖδες	παῖδες	παῖδες
7	ἄνδρες	ἄνδρες	ἄνδρες
8	θυσία (Ἀσκλ.)	θυσία, κῶμος	θυσία, κῶμος
9	κῶμος	κωμῳδοί	κωμῳδοί
10	κωμῳδοί	τραγῳδοί	τραγ. (σατ. παλ.)
11	τραγῳδοί	„	τραγῳδοί
12	„	„	„
13	„	„	„
14	Πάνδια	Πάνδια	Πάνδια.

[1]) Mommsen (und mit ihm Stahl a. a. O.) nimmt dabei keine Veränderung in der Festordnung an.

[2]) Über die Einführung einer 4. Tragödie statt des Satyrspiels in der Tetralogie vergl. S. 35. Die von Oehmichen durchgeführte Verteilung der einzelnen Schauspieler auf die Spieltage lasse ich weg, da sie für die Festordnung selbst keine Wichtigkeit besitzt. Den κῶμος verlegt Oehmichen für die ältere Zeit nur deshalb auf einen besonderen Tag, damit die Anzahl der Festtage von Anfang an dieselbe bleibt; doch ist letztere Ansicht bei den vielfachen Erweiterungen des Festes ganz unwahrscheinlich.

LEBENSLAUF DES VERFASSERS.

Ich, Julius Franz Gustav Dutoit, bin geboren zu Darmstadt am 13. März 1872 als Sohn des Lehrers der neueren Sprachen Heinrich Dutoit und dessen Gattin Amalie, geb. Trapp. Ich gehöre der römisch-katholischen Kirche an. Nach genossenem Elementarunterricht trat ich Ostern 1881 in das Ludwig-Georgsgymnasium meiner Vaterstadt ein, das ich Ostern 1890 als Abiturient verliess. Hierauf bezog ich die Universität München, um klassische Philologie zu studieren. Hier hörte ich die Vorlesungen und nahm Teil an den Übungen der Herren Professoren Dr. v. Brunn (†), Dr. v. Christ, Dr. Grauert, Dr. v. Heigel, Dr. Schoell (†), Dr. Stumpf, Dr. v. Woelfflin und der Herren Dozenten Dr. Güttler, Dr. Schmidkunz, Dr. Stegmann, Dr. Traube, Dr. Woelfflin junior. Nach 3 Semestern ging ich dann nach Giessen, wo ich die Herren Professoren Dr. Höhlbaum, Dr. Oncken, Dr. Philippi, Dr. Schmidt (†), Dr. Siebeck und den Herrn Privatdozenten Dr. Sauer zu Lehrern hatte; doch verliess ich diese Universität wieder nach einem Jahre, um in München meine Studien fortzusetzen. Nachdem ich im Oktober 1893 die philologisch-historische Hauptprüfung bestanden hatte, wurde ich zunächst Mitglied des pädagogischen Curses am k. alten Gymnasium Würzburg; sodann wurde ich am 1. September 1894 dem k. Gymnasium Dillingen als Assistent zugewiesen und am 1. Oktober 1895 in gleicher Eigenschaft an das k. Gymnasium Speier versetzt.

Allen oben genannten Herren Professoren und Dozenten fühle ich mich tief verpflichtet für die reiche Belehrung, die sie mir zu Teil werden liessen; ebenso den Herren

Gymnasialrektoren Miller in Würzburg und Faber (†) in Dillingen, unter deren Leitung ich meine ersten pädagogischen Versuche machte. Besonderen Dank schulde ich Rudolf Schoell, der so früh der Wissenschaft entrissen wurde, und Hermann Grauert; nächst diesen Herrn Lycealprofessor Dr. Schlecht in Freising (früher in Dillingen) und Herrn Gymnasialrektor Dr. Ohlenschlager in Speier (jetzt in München) für ihre stete Anregung und Aufmunterung.